Gardasee

Saskia Engelhardt

Über die Autorin

Saskia Engelhardt (geb. 1970) wuchs in München auf und arbeitete zehn Jahre als Redakteurin bei der Süddeutschen Zeitung. Heute lebt die freie Journalistin mit ihrem Mann und drei Söhnen in Arco.

Karten & Pläne

Klappe vorne: Übersicht
Klappe hinten: Stadtpläne
Riva, Salò, Sirmione, Torbole
Die Koordinaten in den Infokästen verweisen auf die herausnehmbare Straßenkarte, z. B. ▶ **Karte:** AE 2

MERIAN *aktiv*

Inhalt

Nichts liegt näher!

Im magischen Bann des Lago 8

66 Ideen für die freie Zeit

Der Nordwesten

01 Künstlerdorf Canale di Tenno 14
02 Lago di Tenno 16
03 Rennradfahren in der Alto Garda (Riva del Garda) 18
04 Weihnachtsmärkte rund um den Lago (Riva del Garda) 20
05 Mountainbiken in der Region um Riva 22
06 Joggen am Lago (Riva del Garda) 24
07 Vogelbeobachtung (Tremalzo) 25
08 Lago di Ledro 26
09 Pfahlbautenmuseum am Lago di Ledro 28
10 Genusstour auf der »Gardesana Occidentale« 30
11 Canyoning im Val di Ledro 32

12 Eisklettern am Tremalzo 34
13 Wandern zur Käserei (Hochebene von Tremósine) 36
14 Motorradtour (von Campione nach Gargnano) 37

Der Nordosten

15 Museen in Trento 38
16 Bouldercity in Pietramurata 40
17 Kunst im »Mart« (Rovereto) 42
18 Quadfahren im Hinterland von Arco 43
19 Besuch in einer Olivenölmühle (Arco) 44
20 Wandern im Bosco Caproni (Arco) 46
21 Klettern rund um Arco 48
22 Klettersteige bei Arco 50
23 Reiten in der Busa (Arco) 52
24 Therme in Arco 54
25 Sarca-Radweg (Arco) 55
26 Besuch in Arco 56
27 Nordic Walking (Arco) 57

Dieser MERIAN aktiv stellt 66 Ausflüge am und um den Gardasee vor. Im Trentino im Norden toben sich aktive Urlauber in den Bergen aus. Ganz mediterran zeigt sich das Westufer (Lombardei) ab Limone Richtung Süden – und das Ostufer im Veneto bietet viel Kultur, Kulinarisches und Freizeitspaß.

Viel Spaß mit unseren neuen Ideen für Ihre freie Zeit!

Inhalt

28 **Yoga** (Arco) 58
29 **Bikepark in Torbole** 59
30 **Tour mit dem E-Bike** (Torbole) 60
31 **Segeln auf dem Lago** (Torbole) 62
32 **Surfen in Torbole** 64
33 **Wandern auf den Monte Altissimo** 66

Der Südosten

34 **Wandern auf dem Monte Baldo** 68
35 **Paragliden in Malcésine** 70
36 **Skaligerburg** (Malcésine) 71
37 **Skifahren** (Monte Baldo) 72
38 **Kitesurfen in Brenzone** 73
39 **Kletterpark** (San Zeno di Montagna) 74
40 **Kochkurs** (Torri del Benaco) 75
41 **Klettern** (Marciaga) 76
42 **Angeln** (Garda) 77
43 **Segeln auf dem Ketch** (Bardolino) 78
44 **Parasailing in Bardolino** 79
45 **Villen und Parks in Bardolino** 80
46 **Wasserfallpark in Molina** 82
47 **»Caneva Aquapark« in Lazise** 83
48 **Thermalsee der Villa Cedri bei Lazise** 84
49 **Safaripark Bussolengo** 86
50 **Wakeboarden bei Lazise** 88
51 **Sea Life** (Castelnuovo del Garda) 89

52 **Gardaland** (Castelnuovo del Garda) 90
53 **Radtour am Mincio** (Peschiera del Garda) 91

Der Südwesten

54 **Monte Castello** (Tignale) 92
55 **Stehrudern** (Gargnano) 94
56 **Wellness im »Dayspa Lefay« in Gargnano** 95
57 **Kanufahren** (Gargnano) 96
58 **Golfen in Bogliaco** 97
59 **Hellers Garten** (Gardone Riviera) 98
60 **Das Vittoriale** (Gardone Riviera) 99
61 **Trekking auf der »Bassa via del Garda«** (von Salò bis Limone) 100
62 **Motorbootfahren** (Manerba) 102
63 **Therme in Sirmione** 104
64 **Römische Ruinen** (Sirmione) 105
65 **Kartfahren in Lonato** 106
66 **Rot-Kreuz-Denkmal** (Solferino) 108

Gut zu wissen

Veranstaltungskalender 112
Praktisches und Wissenswertes 116
Quickfinder – alle Tipps auf einen Blick 120
Lesetipps 124
... zu guter Letzt 126

Impressum 128

Gardasee – nichts liegt näher!

Der Panoramablick von der Cima Rocca (1090 m) im Norden reicht weit über den See bis zu den schneebedeckten Gipfeln des Monte-Baldo-Massivs.

Im magischen Bann des Lago

Der Gardasee war nie ein Traumziel für mich gewesen, bis ich an Pfingsten im Jahr 2001 zu einem Kletterkurs nach Arco an den Gardasee reiste. Klettern sollte der ideale Ausgleich zu meinem Alltag werden, und das weltbekannte Klettergebiet von Arco liegt eben nur vier Autostunden von München entfernt.

Noch heute spüre ich meine zittrigen Beine, meine feuchten Hände und mein Herzklopfen, wenn ich an die erste lange Kletterroute auf den Colodri denke. Ich weiß nicht, ob es pure Angst war – die Felswand ist immerhin 300 m hoch – oder eine Art Fassungslosigkeit gegenüber der wunderbaren Natur, die ich von so weit oben ganz privilegiert betrachten konnte: da der Monte Stivo mit seiner kahlen, unbewaldeten Kuppe, dort der raue Monte Altissimo und der grüne Talboden des Valle del Sarca mit seinen silbrig-glänzenden Olivenbäumen und Obstplantagen – und schließlich der von Gletscherzungen bearbeitete Monte Brione mit dem tiefblauen See dahinter ...

Dass ich dem Charme meines Kletterlehrers erliegen und tatsächlich einmal meinen Lebensmittelpunkt an den Gardasee verlegen würde – daran hätte ich damals nicht einmal im Traum gedacht.

Einzigartig am Lago ist der Mix aus alpinem, urwüchsigem Charme und südlichem Lebensgefühl: Ein Gläschen Chiaretto auf dem Weinfest in Bardolino genießen (l.), und dazu Pasta und Pilze (M.); am Abend flanieren auf der Uferpromenade in Lazise (r.).

Mediterran und doch alpin

Der nördliche Gardasee überrascht mich heute immer noch, wenn ich vom Brenner her Richtung Gardasee fahre. Es ist diese perfekte Mischung aus alpiner Stimmung und mediterranem Klima, die mich dabei stets von Neuem staunen lässt. Während die einen in Deutschland noch mit dicker Jacke und Mütze dasitzen, schlecken die anderen in Riva del Garda schon Eis und genießen die wärmende Sonne, bis sie ganz hinter dem Gipfel des Monte Rocchetta verschwunden ist.

Bereits bei Vezzano im Sarcatal weht ein mildes Lüftchen durch die Olivenbäume, und spätestens in Arco gedeihen schon prächtige Feigen- und Lorbeerbäume und blüht der Oleander, während der Monte Stivo vielleicht noch schneebedeckt ist.

Überall in der Landschaft fallen die terrassenförmig angelegten Hänge ins Auge, auf denen die silberblättrige *Casaliva* als verbreitetste Olivensorte der Region angebaut wird (s. Tipp 19 und S. 126 f.). Selbst der Burgberg von Arco ist mit solchen Terrassen erschlossen.

Die Burg auf dem steil aufragenden Fels hoch über dem Städtchen Arco bestand schon im Mittelalter. Sie sicherte das enge Tal der Sarca, das neben dem Weg über den Passo San Giovanni bei Nago den einzigen Landzugang zum nördlichen See darstellte, strategisch ab. Wie überall am Lago herrschte auch in der imposanten Burg auf dem Felsen zeitweilig die adlige Familie der Skaliger (s. Tipp 36 und 54), doch die meiste Zeit war die Anlage in der Hand der Grafen von Arco.

Aktivurlaub für jeden Geschmack

Kaum ein anderer See hat so viele Gesichter wie der größte See Italiens: Im Norden schmiegt sich der Lago fjordartig an die bis zu 2000 m hohen Berge und bietet Aktivurlaubern ein ideales Terrain: Klettern (s. Tipp 21), Biken (s. Tipp 5), Surfen (s. Tipp 32), Segeln (s. Tipp 31), Canyoning (s. Tipp 11) und Paragliding (s. Tipp 35) sind äußerst beliebt. Weniger bekannt ist die Region für ihre Winterattraktionen. Dabei versprühen die Weihnachtsmärkte festliche Stimmung (s. Tipp 4), und die umliegenden Berge bieten mit Skifahren, Langlaufen, Eisklettern und Hundeschlittentouren ein durchaus abwechslungsreiches Wintersportprogramm (s. Tipp 8 und 37).

Mittelmeerflora dominiert weiter südlich, wo riesige Bougainvilleen an den Hauswänden blühen und Zitronenbäume süßlichen Duft verströmen. Nobel und ruhig (außer im Hochsommer) präsentiert sich das Westufer rund um Gargnano. Dort haben sich Reiche schon vor Jahrhunderten gern niedergelassen.

Am Ostufer, in Garda oder Bardolino, pulsiert das Leben. Hier fühlt sich wohl, wer die Natur und ihre Kulisse schätzt, aber ebenso die Vorzüge der modernen Zivilisation.

Den Süden des Sees lieben vor allem Familien, Sonnenanbeter und Nachtschwärmer. Hier werben Vergnügungsparks um Besucher, und die Diskotheken zählen zu den größten des Landes. Auch Kulturinteressierte stillen hier ihren Wissensdurst. Sie fahren mit dem Motorboot auf die Isola del Garda und besichtigen die Villenanlage im venezianischen Stil (s. Tipp 62) oder besuchen in Sirmione die antiken »Grotten des Catull« (s. Tipp 64).

Beschwingter Hochgenuss

Vielfältig sind rund um den Lago die kulinarischen Traditionen: Das Menü reicht von herzhaften Speisen wie *Carne salada* (Pökelfleisch) – umwerfend gut bei Familie Frizzi im Ristorante »Castello« in Tenno (s. Tipp 3) – über *Risotto con funghi* (Steinpilzrisotto) oder *Polenta con coniglio* (Polenta mit Kaninchen) bis hin zu Pasta-Spezialitäten, wie sie in Valeggio sul Mincio auf den Teller kommen. Jedes Jahr wird hier im Juni zu Ehren der »Liebesknoten«, wie die besonderen handgemachten Tortellini genannt werden, das Schlemmerfest »Festa del nodo d'amore« veranstaltet (s. Tipp 53). Schließlich servieren Küchenchefs vom Gardasee als Krönung des Genusses zarten Fisch wie *Carpione* (Gardaseeforelle) oder *Coregone* (Felchen). Ohne das Olivenöl vom Gardasee aber, das weit über die

Im Norden erfreuen sich die Sportler im Klettergarten »Belvedere« an der großartigen Sicht über den fjordartigen See.

Region hinaus bekannt ist, wären all diese Gerichte nur halb so köstlich. Zudem wird jede Speise von einem passenden Wein begleitet. Fruchtig leicht, gehaltvoll oder trocken – rund um den Gardasee gedeihen Trauben für die unterschiedlichsten Weine: Im Westen der erdig rote *Groppello*, im Norden der trocken würzige *Nosiola*, und im Süden der fruchtige *Bardolino classico* mit D.O.C.- Qualität sowie der *Lugana*.

Dichter und Denker

Der Gardasee ist kein ausschließlich modernes Reiseziel. Bereits vor Hunderten von Jahren waren Dichter und Denker begeistert von der einzigartigen Melange aus Natur und Kultur. Goethe liebte Malcésine, Thomas Mann schrieb in Riva del Garda seinen »Tristan«, und in Arco erinnert die »Rilke-Promenade« an die ausgedehnten Spaziergänge des Lyrikers ... Bei mir hat es mit der Begeisterung für den Gardasee ein wenig gedauert. Doch in den vergangenen zwölf Jahren habe ich lieben und schätzen gelernt, was ich lange verschmäht hatte: den Lago, ein echtes Paradies für Aktivurlauber mit Sinn für Kultur und Natur.

Machen Sie es vielleicht am besten wie ich: Fahren Sie ohne große Erwartungen an den Gardasee. Lassen Sie sich treiben – und Sie werden ganz von allein in den Bann dieser faszinierenden Landschaft gezogen. Aber passen Sie auf, dass nicht auch Sie sich verlieben!

66 Ideen für die freie Zeit am Gardasee

Der Gardasee mit den umliegenden Bergen ist ein Traumziel für Biker und alle, die aktiv genießen wollen.

1 Künstlerdorf Canale di Tenno

In den **mittelalterlichen** Gassen finden **Ausstellungen, Konzerte** und **Feste** statt

Wenn im August die Fanfarenstöße zwanzig Mal im Tennotal ertönen, dann ist es wieder so weit: Das legendäre Fest »Rustico Medioevo« hat begonnen, und damit eine beeindruckende Zeitreise um 800 Jahre zurück in das Leben im Mittelalter. Stilechte Kulisse für das alljährlich stattfindende Spektakel mit Theaterstücken, Musik, Tanz und kulinarischen Spezialitäten (s. S. 114) ist das Örtchen Canale di Tenno mit seinem ursprünglichen mittelalterlichen Reiz. Wenn die Rede auf den kleinen Ort kommt, wo die massiven Steinhäuser noch eng aneinandergedrängt wie im 13. Jh. stehen, gerät Fremdenführerin Cristina aus Arco gern ins Schwärmen: »Canale di Tenno sollte sich unbedingt ansehen, wer den Zauber der Vergangenheit hautnah spüren möchte.«

- **Karte:** AD I
- **Wo:** Von Riva del Garda Richtung Lago di Tenno. In der Ortschaft Ville del Monte dem Schild »Calvolla – Canale – S. Pietro« bis Canale. Weiter zum Parkplatz »Rifugio San Pietro«
- **Wann:** »Casa degli Artisti«: Ostern–Ende Okt. Di–Fr, Dez.–6. Jan., Sa/So/Fei geöffnet
- **Essen & Trinken:** »Rifugio San Pietro«, Mattoni 36, Ville del Monte, Tenno, Tel. 00 39/04 64/50 06 47
- **Web:** www.casartisti.it; www.rusticomedioevo.com; www.gardatrentino.it; www.francopivetti.it; www.tenno-canale.de
- **Sonstiges:** Sommerkurse, z. B. Aquarellmalen in der »Casa degli Artisti«; Wanderung zum »Rifugio San Pietro«

Nach dem Zweiten Weltkrieg verließen die Einwohner den abgelegenen Ort, um anderswo Lohn und Arbeit zu finden. Canale wurde zu einem öden Geisterdorf, dem erst Ende der 1960er-Jahre wieder Leben eingehaucht wurde.

Vom Geister- zum Künstlerdorf

Künstler entdeckten in den 1960er-Jahren das verlassene Dorf für sich und ließen sich bei ihren Arbeiten vom mittelalterlichen Ambiente inspirieren. Heute strahlt Canale eine ungeahnte Kraft aus, ist gepflegt, und die Häuser sind liebevoll restauriert. Dennoch scheint in den engen gepflasterten Gassen mit den Bogengängen und kleinen Innenhöfen die Zeit still zu stehen. Autos gibt es hier nicht. Statt Neonschildern hängen Maiskolben vor den Fenstern, von den Fensterbänken ranken prächtige Geranien, und handgemalte Türschilder grüßen die Besucher.

»Bis vor wenigen Jahren war Canale di Tenno noch ein Geheimtipp, und außer den rund 30 Einheimischen lebte niemand hier«, erzählt der Künstler Franco Pivetti, dem Canale sehr am Herzen liegt. »Aber zum Glück hat sich der Ort trotz zunehmendem Tourismus und der vielen Zweitwohnungen seine Ursprünglichkeit bewahren können.«

Die moderne Geschichte Canales ist eng mit Franco Pivetti verbunden. Der ursprünglich aus Cavezzo bei Modena stammende Maler lebt seit 1984 im Trentino und koordiniert seither die Aktivitäten in der »Casa degli Artisti«, dem Künstlerhaus von Canale. »Das Haus ist eine Wohn- und Begegnungsstätte für Künstler aus ganz Europa geworden. Jedes Jahr finden dort im Sommer Ausstellungen und Kurse statt«, erzählt Franco. Er ist auch Koordinator des berühmten Mittelalterfestes »Rustico Medioevo«.

2 Lago di Tenno

Der **türkisgrüne See** mit wechselndem **Wasserstand** zieht vor allem **Familien** an

Ganz im Norden des Gardasees, rund 500 m über Riva del Garda und Arco, liegt zu Füßen des Monte Misone (1803 m) der kleine Lago di Tenno, eingebettet zwischen Wiesen und Nadelwäldern. Der See besticht vor allem durch seine leuchtend türkisgrüne Farbe. Außerdem, so heißt es, soll er der sauberste Süßwassersee Italiens sein. Einheimische und Urlauber wissen das zu schätzen.

Baden, spielen, entspannen

Im Sommer ist der Lago di Tenno ein beliebter Badesee. »Hier ist es viel ruhiger als unten am Gardasee«, meint Daniela, die seit fast fünf Jahren in der Nähe von Tenno wohnt. Sie stammt aus Padua und ist wegen der Kletterei nach Arco gezogen. »Der See mit seinem seichten Ufer ist ideal für Familien – und wer sich etwas bewegen möchte, umrundet ihn zu Fuß in gut einer Stunde«, fügt die junge Mutter hinzu. Wegen des wechselnden Wasserstands hat der fast kreisrunde Lago di Tenno im Winter in der Mitte eine Insel, denn dann steigt der Pegel aufgrund der Regenfälle um etwa 15 m. Im Sommer ist der Wasserstand dagegen oft so niedrig, dass man die Insel auch zu Fuß erreicht. »Die Bäume und Sträucher auf der Insel bilden einen natürlichen Abenteuerspielplatz für kleine Eroberer«, weiß Daniela. Kleines Manko für Fami-

lien mit Kleinkindern sind die zahlreichen Treppen, die man zum See hinuntersteigen muss. »Mein Tipp ist der Zustieg am ›Hotel Cristina‹ in Ville del Monte. Hier kann man den Kinderwagen auch hinuntertragen. Außerdem gibt es einen Seezugang am großen Parkplatz an der Straße.« Auf dem Weg zurück nach Riva del Garda liegen die Wasserfälle von Varone, ein Spektakel, dass man sich nicht entgehen lassen sollte.

Und noch ein Tipp: Besuchen Sie die archäologischen Ausgrabungsstätten auf dem Monte San Martino!

- **Karte:** AD I
- **Wo:** Oberhalb von Riva del Garda; Ufer nur zu Fuß über Treppe erreichbar; Einfachster Zustieg am »Hotel Cristina« in Ville del Monte; kostenpflichtiger Parkplatz.
- **Essen & Trinken:** Trattoria »Pié di Castello«, Cologna di Tenno, Via al Cingol Ros 38, Tel. 0039/0464/521065
- **Web:** www.piedicastello.it; www.cascata-varone.com; www.gardatrentino.it; www.small.tn.it
- **Sonstiges:** Wasserfall »Cascata di Varone«, Via Cascata 12, Tenno, Tel. 0039/0464/521421

3

Rennradfahren in der Alto Garda

Routen mit Panoramablick für Profis und Amateure

Auch wenn Sara Moser nicht wirklich in die Fußstapfen ihres berühmten Onkels Francesco Moser getreten ist – Francesco war in den 1970er- und 1980er-Jahren einer der erfolgreichsten Radrennfahrer Italiens und durchbrach als Erster die magische Grenze von 50 km/h –, so liebt Sara doch ihr Rennrad und schwingt sich in den Sattel, sooft sie kann. Gemeinsam mit ihren drei Schwestern führt Sara Moser den Rad- und Fitnessmode-Shop »Moser Re-Cycling System« in Arco (www.moser-arco.com) und steht dort Kunden mit Rat und Tat zur Seite. »Was den Radrennsport betrifft, so ist der Lago zwölf Monate im Jahr ein wirkliches Paradies«, schwärmt sie.

Kräftig in die Pedal treten

In der Alto Garda, der Region im Norden des Gardasees, finden begeisterte Radrennfahrer über 400 km Routen in allen Schwierigkeitsgraden. »Ich liebe besonders die Strecke hinauf nach Tenno.« Saras Augen leuchten: »Das ist die ideale Tour, um die Saison zu starten oder zum Warmfahren am Urlaubsbeginn.«

Auch Ivan Beltrami, die Rennradlegende aus Torbole, liebt die Strecke hoch nach Tenno. Ivan war unter anderem siebenmal italienischer Meister und hat zweimal an Olympischen Spielen im Verfolgungsrennen teilgenommen. Von Tenno aus fährt Ivan aber noch weiter über den Passo Ballino bis Ponte Arche. »Ab hier gibt es einen neuen Radweg, der fast bis Sarche führt. »Die Rundtour mit knapp 65 km bietet einfach alles, was Radrennfahrer lieben: Steigungen, technische Abschnitte und Feinschmecker-Stopps.« Die kleinen Höhepunkte – insbesondere Feinschmecker-Stopps – sind Ivan besonders wichtig, »aber«, fügt er hinzu, »man darf nicht alles so ernst sehen«. Dieses Motto spiegelt sich auch in seinen frechen, selbst entworfenen Bike-Klamotten wider, die Ivan im kultigen »Mecki's –Bike & Coffee« in Torbole verkauft.

- **Karte:** AD I
- **Wo:** Geführte Touren bei »Carpentari Bike Shop«, Via Matteotti 95, Torbole, Tel. 00 39/04 64/50 55 00
- **Wann:** Ganzjährig
- **Wie viel:** Leihgebühr Rennrad/Tag: ab 24 €; geführte Tour (mind. 2 Pers.) ab 35 €
- **Essen & Trinken:** »Castello Di Frizzi«, Via Castello 3, Tenno, Tel. 00 39/04 64/ 50 06 38; »Mecki's – Bike & Coffee«, Via Matteotti 5, Torbole, Tel. 00 39/04 64/ 54 80 51
- **Web:** www.carpentari.com; www.gardatrentino.it; www.mecki.com
- **Sonstiges:** Coole Sportmode von Ivan Beltrami in »Mecki's – Bike & Coffee«

4 Weihnachtsmärkte rund um den Lago

Festliche **Stimmung** unter Olivenbäumen und Palmen

Auch die besinnliche Zeit des Jahres lässt sich am Gardasee genießen. Bunte Lichterketten säumen die Straßen in Riva, Arco und anderswo rund um den Lago, und die Atmosphäre in den geschmückten Orten ist wie verzaubert. Durch die Fußgängerzonen wabern appetitliche Düfte und die Klänge weihnachtlicher Melodien. Und wenn die Tage kurz und kalt sind, der Himmel tiefblau und die Berge schneebedeckt, schlürfen die Einheimischen auf den Weihnachtsmärkten unter Palmen und Olivenbäumen Glühwein oder Punsch und knuspern in Fett gebackene Strauben.

Krippenschau und Spezialitäten

Schon Mitte November eröffnet der Markt in Arco. Händler bieten an etwa 30 Ständen handgefertigte Krippen, Pantoffeln, Schals, Mützen und kulinarische Spezialitäten an. Sehenswert ist die Ausstellung der über 40 Weihnachtskrippen im historischen Zentrum.

In Trento findet der Weihnachtsmarkt ab Ende November statt. Neben Geschenkartikeln kommen auch hier die Gaumenfreuden nicht zu kurz: An den etwa 16 Ständen der *Sapori del mercatino* kosten Besucher süße wie salzige Köstlichkeiten aus dem Trentino und Tirol.

Ein »Muss« ist der Markt in Canale di Tenno (s. Tipp 1), das Besucher mit seinen engen Gassen und alten Steinhäusern ins Mittelalter versetzt. Am 24. und 26. Dezember verwandelt sich der idyllische Ort sogar in eine lebende Krippe. Nicht nur im Norden, sondern auch im Süden des Sees, zum Beispiel in Sirmione und Garda, herrscht vorweihnachtliche Stimmung. Beleuchtete Holzhäuschen schmücken in Riva auf dem Markt *Natale tra gli Ulivi* Uferpromenade wie Rathausplatz. Hier steht auch das »Haus des Weihnachtsmanns«, in dem die Kinder ihre Wunschzettel abgeben können!

- **Karte:** AD–AF 1; AC 6
- **Wo/Wann:** Weihnachtsmärkte: Arco: 15. Nov.–23. Dez., Fr–So; Canale di Tenno: 1. Advent–26. Dez., Sa/So (lebende Krippe am 24. und 26. Dez.); Riva: »Haus des Weihnachtsmanns« Dez.–6. Jan.; Garda: Ende Nov.–6. Jan.
- **Essen & Trinken:** Auf allen Märkten Apfelpunsch, Glühwein, Maroni, Strauben und andere Spezialitäten
- **Web:** www.nataletrentino.it; www.gardatrentino.it; www.provinciadiveronaturismo.it

5 Mountainbiken in der Region um Riva

Der **Norden** des Gardasees zählt zu den **spannnendsten Revieren**

Fragt man eingefleischte Biker nach ihrem perfekten Urlaub, antworten sie knapp: biken, essen, schlafen. All das geht auf höchstem Niveau am nördlichen Gardasee. Auch für den deutschen Bike-Guide Mathias Marschner ist der Gardasee nach wie vor der Hotspot für seinen Lieblingssport: »Wer sich auskennt, findet hier selbst zur Hochsaison kaum befahrene Strecken«, weiß Mathias.

Was das Bikerherz begehrt

Was den nördlichen Gardasee für Biker so attraktiv macht, ist die Vielseitigkeit des Reviers. Hier ist so gut wie alles möglich – von panoramareichen Genusstouren bis hin zu technisch schwierigen Single-Trails. Dazu kommt die günstige geografische Lage, die es erlaubt, das ganz Jahr über in mildem Klima zu biken. Auch Carlo Argentieri weiß diese Vorteile zu schätzen und zu vermarkten. Der Einheimische MTB-Guide gründete vor zehn Jahren die MTB-Schule »GardaOnBike« in Riva und bietet radelnden Urlaubern geführte Touren an. »Wir haben alle Schwierigkeitsgrade im Programm«, meint Carlo. »Angeboten werden etwas ruhigere Touren auf Seehöhe, schweißtreibende Anstiege auf den Monte Altissimo, fordernde Down-

- **Karte:** AD 1/2
- **Wo:** Beginn der Ponale-Straße am Ortsende von Riva del Garda, rechts oberhalb des ersten Tunnels der Bundesstraße nach Limone; Leichte MTB-Tour (ca. 300 Höhenmeter, 6 km) nach Biacesa (durchschnittliche Kondition erforderlich); Möglichkeit zur Weiterfahrt Richtung Lago di Ledro oder Pregásina
- **Wann:** Ganzjährig
- **Essen & Trinken:** Biker-Treff »Bar Panorama«, Loc. Pregásina 2, Riva del Garda, Tel. 00 39/04 64/55 09 93
- **Web:** www.mountaingardabike.com; www.gardaonbike.com; www.hotel-panorama-garda.it; www.bikegiuliani.com
- **Sonstiges:** Geführte MTB-Touren bei »Garda on Bike«, Viale Rovereto, Riva del Garda, Tel. 00 39/04 64/56 70 11; Sportmode der Moser-Schwestern unter dem Label »re-cycling«, »Moser Re-Cycling System«, Via Marconi 15, Arco, Tel. 00 39/04 64/51 62 51; www.moser-arco.com

hills wie der Tremalzo oder legendäre Routen wie die Ponale-Straße mit ihren atemberaubenden Tiefblicken auf den See.« Für Individualisten gibt es darüber hinaus das Projekt »Mountain & Garda Bike«, eine große Bike-Arena, die von den touristischen Regionen Alto Garda mit dem Val di Ledro, Rovereto und Vallagarina, Trento, Monte Bondone und Valle dei Laghi ins Leben gerufen wurde. Abgesehen von den zahlreichen unterschiedlichen Touren, gibt es im Norden auch erstklassige Serviceleistungen rund ums Bike. Ob in Riva, Torbole oder Arco – in den Bike-Shops kann man Ausrüstung leihen und findet die neueste Bike-Mode sowie aktuelles Equipment. Der große Saisonauftakt für die Biker findet jedes Jahr im Mai in Riva del Garda statt. Dort trifft sich die Bike-Elite zum »Bike-Festival Garda Trentino«. Neben Wettkämpfen, Testparcours und geführten Touren können sich die Besucher hier über die aktuellen Trends in der Biker-Szene informieren (s. S. 112).

6 Joggen am Lago

Ideale Laufstrecke – die Uferpromenade zwischen Riva del Garda und Torbole

Mit etwa 5 km Länge ist die Verbindung zwischen Riva del Garda und Torbole die längste Uferpromenade des Gardasees. Das nutzen nicht nur Spaziergänger, Mütter mit Kinderwagen und Radfahrer, sondern auch Jogger wie Alessia, Inhaberin des hippen Klamottenladens »Travelwear Atlante« in Riva. »Joggen ist für mich der perfekte Ausgleich. In der Mittagspause schlüpfe ich einfach in die Laufschuhe«, erklärt Alessia, zieht den Reißverschluss ihrer Jacke nach oben und läuft los. Die abwechslungsreiche Strecke entlang des Ufers führt vorbei am Fünf-Sterne-Hotel »Lido Palace« und dem Park des Luxusresorts »Du Lac et Du Parc«, den Stränden »Sabbioni« und »Porfina« bis zum Hafen Porto San Nicolò. »Wer mag, macht vom Hafen aus einen Abstecher auf den Monte Brione (376 m) und verlängert die Laufroute um gut 6 km. Mir reicht es schon in der Ebene«, lacht Alessia und joggt elegant Richtung Torbole weiter. Welche Richtung schöner ist? »Beide sind reizvoll. Die Aussicht ist überall besonders, denn man hat den Lago, den Monte Baldo oder den Cima Capi oberhalb von Riva immer im Blick.« Wem das als Pensum nicht genügen sollte, der kann auch auf dem Sarca-Radweg joggen (s. Tipp 25 und 30) oder die Ponale-Straße hinauflaufen.

- **Karte:** AD/AE 1
- **Wo:** Uferpromenade mit Rad- und Fußgängerweg von von Riva del Garda (Zentrum) bis Torbole
- **Essen & Trinken:** Bars am »Sabbioni«- und »Porfina«-Strand in Riva. Nicht verpassen: »Gelateria Flora«, Viale Rovereto 54, Riva del Garda, Tel. 00 39/04 64/55 16 71
- **Web:** www.gardatrentino.it
- **Sonstiges:** Trendmode bei »Travelwear Atlante«, Via Florida 13, Riva del Garda, Tel. 00 39/04 64/55 19 04

7 Vogelbeobachtung

Interessantes über **Zugvögel** erfährt man auf dem **Passo Bocca Casèt**

Dass Vogelbeobachtung nicht nur mit dem Fernglas möglich ist, erleben Besucher der Vogelwarte auf dem Passo Bocca Casèt. Dort dokumentieren Experten die Herbstroute der Zugvögel und liefern Einblicke in das geheimnisvolle Vagabundenleben von Singvögeln wie dem kleinen Laubsänger. Das Interesse an den gefiederten Langstreckenfliegern hat an diesem strategisch wichtigen Punkt Tradition – ursprünglich allerdings aus Jagdmotiven. Heute werden die Vögel dort Ende August bis Oktober beringt und erforscht.

- **Karte:** AC 1/2
- **Wo:** Richtung Val di Ledro bis Passo d'Ampola; in Serpentinen zum »Rifugio Garibaldi«. Von dort ca. 45 Min. zu Fuß weiter bis zur Vogelwarte am Passo Bocca Casèt
- **Anbieter:** Geführte Touren beim »Ufficio Turistico«, Via Nuova 7, Pieve, Tel. 00 39/04 64/59 12 22
- **Wann:** Vogelwarte geöffnet Ende Aug.–Okt.
- **Essen & Trinken:** »Rifugio Garibaldi«, Strada Tremalzo, Tiarno di Sopra, Tel. 00 39/04 64/59 81 11
- **Web:** www.rifugiogaribaldi.com; www.valledileldro.com
- **Sonstiges:** Wanderungen und legendäre Tremalzo Downhill-Touren vom »Rifugio Garibaldi« aus

8 Lago di Ledro

Der **Bergsee** mit dem **klaren Wasser** ist eine **Oase** für **Familien** und **Ruhesuchende**

Eigentlich sind es ja nur 20 Min. Fahrzeit – zwei lange Tunnels und eine paar Haarnadelkurven –, die den Lago di Ledro im gleichnamigen Tal vom großen Bruder Gardasee trennen. In Wirklichkeit liegen jedoch Welten und rund 600 Höhenmeter zwischen den beiden Seen.

Während sich die Badegäste an den Stränden des Gardasees im Hochsommer wie Sardinen in der Dose quetschen, die Surfer über die Segler schimpfen und Kanufahrer fast nur am Ufer entlangpaddeln, weil der See von Surfern belegt ist, bietet der Ledrosee eine echte Alternative für Familien, Naturliebhaber und alle, die dem Trubel entkommen wollen.

Beschauliche Sommertage

»Der Lago di Ledro gehört zu den saubersten Seen im Trentino«, weiß Laura Sartori aus Pieve di Ledro. Sie führt mit ihrem Mann Max das »Hotel Garni Minigolf« in Pieve, ganz in Seenähe. Die 40-Jährige ist zwar eine Zugezogene, aber sie fühlt sich am Lago di Ledro absolut heimisch: »Ich genieße das ruhige Leben hier oben. Meine kleine Tochter

spielt fast nur draußen, es gibt kaum Autos, reichlich Natur – und natürlich den wunderbaren See direkt vor unserer Haustür.«

Im Sommer tummeln sich vor allem Familien am Lago di Ledro – in Molina im Ort Besta, in Mezzolago, in Pieve di Ledro und in Pur. Leider gibt es wenig Parkplätze, und die sind kostenpflichtig. Aber in Pieve findet man meistens noch ein Plätzchen. Das sacht abfallende Seeufer ist von Wiesen und Schatten spendenden Bäumen umgeben und bietet ideale Voraussetzungen für einen ungetrübten Badetag mit Kindern.

Diese Vorteile nutzen auch Einheimische wie Sabrina aus Riva del Garda: »Im Sommer fahre ich fast täglich mit den Kids hierher, denn es ist ruhiger und kühler als unten am See.« Aber auch Wassersportler, Sonnenanbeter und Genießer kommen auf ihre Kosten – und die Berge rundum sind bestes Revier für Biker, Wanderer und Spaziergänger.

- **Karte:** AD I
- **Wo:** Ab Riva del Garda Richtung Val di Ledro
- **Essen & Trinken:** An allen Stränden am See, außer Mezzolago. Gute Pizza in der »Pizzeria Minigolf«, Viale Foletto 3, Pieve di Ledro, Tel. 00 39/04 64/59 21 37
- **Web:** www.garniminigolf.it; www.valledi ledro.com
- **Sonstiges:** Besuch in der Schuhnagelschmiede in Prè. Auskunft und Buchung im Fremdenverkehrsamt Pieve, Via Nuova 7, Tel. 00 39/ 04 64/59 12 22

9 Pfahlbautenmuseum am Lago di Ledro

In Workshops lernen Kinder spielerisch, wie man in der Bronzezeit gelebt hat

Wollten Ihre Kinder schon immer mal Schmuck basteln wie in der Bronzezeit oder wissen, was die Menschen damals gegessen haben und wie sie ihre Töpfe aus Ton herstellten? Wenn Ihre Jungs gern Pfeil und Bogen basteln, wie wäre es mit einer Frühzeit-Olympiade im Pfahlbauten-Museum? Das Museum am Ufer des Lago di Ledro ist mehr als nur ein Ausstellungsgebäude. Für Kinder (und Erwachsene ebenso) werden hier im Sommer abwechslungsreiche Workshops organisiert. Sie sollen den Besuchern vermitteln, wie die Menschen hier vor über 3000 Jahren gelebt haben.

Das Leben in grauer Vorzeit?

Archäologen haben festgestellt, dass der Lago di Ledro schon vor über 4000 Jahren besiedelt war.

Als das Wasserkraftwerk in Riva del Garda 1929 seinen Betrieb aufnahm und mit Wasser aus dem Lago di Ledro gespeist wurde, sank der Wasserspiegel des Sees erheblich. Überraschenderweise kamen dabei Tausende Pfähle einer prähistorischen Siedlung zum Vorschein. »Diese Entdeckung gilt als größte und bedeutendste in ganz Europa aus dieser Zeit. Man fand Werkzeuge, Gefäße, Waffen und Schmuck aus der Bronzezeit«, erzählt Stefania

Oradini vom lokalen Fremdenverkehrsamt. Stefania kommt aus dem Ledrotal und hat wie fast alle jüngeren Einheimischen das »Museo delle Palafitte« schon besucht, als sie selbst noch zur Schule ging.

In den 1960er-Jahren hielt das Wissenschaftsmuseum von Trento (s. Tipp 15) seine schützende Hand über die Fundstelle, veranlasste weitere Grabungen. Im Jahr 1972 wurde das heutige Museum eröffnet. Die Architekten errichteten die einzelnen Gebäude ganz aus Holz, sodass sie sich perfekt in die Natur und das Ambiente mit den hölzernen Pfahlbauten aus der Bronzezeit einfügten,

- **Karte:** AD 1
- **Wo:** »Museo delle Palafitte«, Via Lungolago 1, Molina di Ledro, Tel. 00 39/04 64/ 50 81 82; ab Riva del Garda Beschilderung »Val di Ledro« folgen. Am Anfang des Sees, nach dem Campingplatz »Al Sole« links
- **Essen & Trinken:** In der Nähe: »Risotteria Rustichel«, Vicolo Pepe 3, Bezzecca, Tel. 00 39/04 64/59 16 21 (150 Risottogerichte!)
- **Web:** www.palafitteledro.it; www.risotteriarustichel.it; www.valledileledro.com
- **Sonstiges:** Fahrradtour rund um den Ledrosee; internationale Musikveranstaltungen im Val di Ledro (www.ledroinmusica.it)

von denen man einige nachgebaut und mit passenden Einrichtungsgegenständen ausgestattet hat.

Auch im kommenden Sommer wird Stefania das Museum al Lago di Ledro wieder oft besuchen und dort mit ihren kleinen Neffen und Nichten an Workshops teilnehmen.

Ein Tipp: Nur wenige Gehminuten vom Museum entfernt gibt es eine öffentliche Badewiese am Seeufer mit Spielplatz und Restaurant.

10 Genusstour auf der »Gardesana Occidentale«

Im **Herbst** und **Winter** hat man freie Fahrt auf der **Traumstraße**

Wer glaubt, im Herbst oder gar im Winter wäre der Gardasee keine Reise wert, irrt sich gewaltig. »Besonders in diesen Monaten kann man hier wunderbare Tage genießen. Für uns ist es die beste Zeit im ganzen Jahr«, sagt Nicola Tarolli, der in Arco mit seiner Familie das Hotel »Al Sole« betreibt. Der junge Hotelier liebt die Gegend um den See mit all seinen Freizeitmöglichkeiten. »Nach den hektischen Sommermonaten trifft man in den Orten, an den Kletterwänden oder auf Bergtouren überwiegend Einheimische, und die Temperaturen sind zumindest über Mittag moderat.«

Ohne Stau und ohne Stress

Eine völlig entspannte Aussicht auf die Gardaseeberge genießen jetzt auch Autofahrer, die auf der legendären *Gardesana occidentale* am Westufer zwischen Riva und dem südlichen Teil des Sees unterwegs sind. Keine Autoschlangen wie im Sommer bringen in dieser Jahreszeit

- **Karte:** AE 1–AA 5
- **Wo:** Von Riva del Garda über Limone, Gargnano, Toscolano-Maderno, Gardone bis Salò. Zurück auf der »Gardesana Orientale« über Peschiera, Garda, Torri del Benaco und Malcésine bis Torbole und Riva
- **Wann:** Panoramatour um den See am besten im Frühjahr, Herbst oder Winter (im Sommer starker Verkehr!)
- **Essen & Trinken:** In jedem Ort Bars, Pizzerien, Trattorien und Restaurants in allen Preisklassen. Tignale: Agriturismo »Al Lambic«, Via S. Zenone 1, Prabione di Tignale, Tel. 0039/0365/73402
- **Web:** www.gardatrentino.it; www.bresciatourism.it; www.provinciadiveronaturismo.it; www.tignale.org; www.agrilambic.it
- **Sonstiges:** Besichtigung der Zitronengewächshäuser »La Limonaia Pra de la Fam« (Hungerwiese) in Tignale; Grappa-Herstellung nach alter Tradition im Agriturismo »Al Lambic«

den Verkehr in den Kurven zum Stocken, keine Sonntagsfahrer bremsen bei jeder spektakulären Aussicht und riskieren Massenkarambolagen. Außerdem hat man jetzt die beste Sicht des Jahres. In der klaren Luft erscheinen die Umrisse der umliegenden Berge scharf wie Scherenschnitte, und der See ruht tiefblau wie ein Fjord. »Kein Vergleich zu den diesigen und oft bedeckten Sommertagen«, schwärmt Nicola Tarolli.

Während man im Sommer die Gardesana wegen Überfüllung tunlichst meiden sollte, sind die Herbst- und Wintermonate ideal, um die Serpentinenstraßen schwungvoll zu erkunden, Dörfer am See kennenzulernen und in gemütlichen Trattorien einzukehren. Entspannte Einheimische freuen sich auf gelassene Touristen, die Zeit zum Genießen mitbringen.

11 Canyoning im Val di Ledro

Dem **Flusslauf** folgen und sich in die **Tiefe abseilen** – ein **abenteuerliches** Vergnügen!

So könnte es im Auenland, der Heimat der Hobbits, aussehen: Verwunschene Felsformationen und grün bemooste Wände, die sich nach oben hin so verengen, dass kaum Sonnenlicht auf den Grund dringt. Tosend stürzt das Wasser über einen Felsvorsprung und schäumt unten in einem Becken auf. Hier schwimmt eine Gruppe von Urlaubern in Neoprenanzügen. Oben steht noch ein junger Mann und zögert den Sprung hinaus: »Leg die Arme fest an den Körper und spring«, beruhigt Diego Depretto seinen Zögling. Diego ist Bergführer und Canyoning-Experte aus Torbole. Mit seinem Schüler steht er jetzt auf einem Absatz in der Palvico-Schlucht, die am Ende des Val di Ledro liegt. Beherzt nimmt der junge Mann Anlauf – und springt. Beim Canyoning folgen Abenteuerlustige dem natürlichen Lauf eines Bergflusses, sausen über

- **Karte:** AC 1/2
- **Wo:** Val di Ledro
- **Anbieter:** Geführte Touren bei »Canyon Adventures«, Via Matteotti 122, Torbole sul Garda, Tel. 00 39/04 64/50 54 06. Büro und Treffpunkt von Riva aus kommend am Ortseingang von Torbole
- **Essen & Trinken:** Im Ledrotal: Restaurant »Baita Santa Lucia«, Via Santa Lucia 36, Bezzecca, Tel. 00 39/04 64/59 12 90 (edel-rustikal; Reservierung empfohlen!); Torbole: »La Terrazza« (Fischrestaurant mit Seeblick), Via Benaco 14, Tel. 00 39/04 64/50 60 83 (Reservierung empfohlen!)
- **Web:** www.canyonadv.com; www.allaterrazza.com

glitschige Felsrutschen, lassen sich abseilen oder springen in die Tiefe. Aber: »Niemand muss springen, ich seile meine Gäste jederzeit ab, wenn sie das möchten«, erklärt Diego.

Abkühlung im Hochsommer

Fünfmal mindestens springen die Teilnehmer an der »Palvico-Tour« in kleine Wasserbecken, mindestens ebenso oft rutschen sie über glatte Steine in Gumpen, und zum Schluss geht es einen 50 m hohen Wasserfall hinab – am Seil selbstverständlich.
Eine willkommene Abkühlung im Hochsommer? »Nicht nur«, erklärt Diego. »Wenn es das Wetter zulässt, führen wir die ersten Gruppen schon ab Mitte April. Es sind meist die Nordeuropäer, die sich bei den noch kühlen Temperaturen mutig ins Wasser stürzen«.
Diego hat vor gut 20 Jahren den Trend in die Region Alto Garda im Norden des Lago gebracht und eine Vielzahl der dortigen Schluchten mit Bohrhaken und Stahlseilen ausgerüstet. Von April bis Oktober führt er wie viele andere Bergführer täglich bis zu 30 Erwachsene durch die Schluchten rund um den See.
Canyoning ist ein Spaß für Groß und Klein. Speziell für Familien mit kleineren Kindern werden kürzere Touren angeboten. Dabei sollten Kinder, die teilnehmen, über 35 kg wiegen und mindestens 1,40 m groß sein.
Dass Diego von seiner Arbeit begeistert ist, lässt sich kaum übersehen. Selbst nach so vielen Jahren sprühen seine Augen noch vor Freude, wenn er sich ins Wasser plumpsen lässt. Und das steckt an – vor allem seine Teilnehmer!

12 Eisklettern am Tremalzo

Winter aktiv – neben **Eisklettern** locken **Snowkiten** und **Hundeschlittentouren**

Markus klebt an dem gefrorenen Wasserfall, als hätte er Saugnäpfe. Geräuschvoll schlägt er den Pickel in den gefrorenen Wasserfall. Das Eis zerbirst, kleinere Brocken klirren auf Zapfen und scheppern zu Boden. Langsam rammt Markus abwechselnd die Spitzen seiner Steigeisen ins Eis und drückt sich nach oben. Ungefähr 3 m unter ihm steht seine Frau Martina und blickt erstarrt nach oben – nicht vor Kälte, sondern vor Aufregung. Markus und Martina verbringen ihren Winterurlaub nicht in einem kalten Dolomitental oder auf einem österreichischen Gletscher. Nein, sie sind am Gardasee abgestiegen, den sie bis jetzt nur im Sommer erlebt haben. »So oft hörten wir von den Reizen

- **Karte:** AC/AD 2
- **Anbieter:** Snowkiten: »Kite School Navene«, Tel. 00 39/34 54/79 57 05; Eisklettern und Skitouren: »Bergschule Friends of Arco«, Tel. 00 39/04 64/ 53 28 28; Hundeschlittentour: »Rifugio Garibaldi«, Tel. 00 39/04 64/59 81 11
- **Wann:** Termine auf Anfrage und nach Wetterlage
- **Wie viel:** Snowkiten: 90 €/1 Std.; Eisklettern & Skitour: 70 € pro Person (mind. 2 Pers.); Hundeschlittentour: Erwachsene 35 €, Kinder 25 €
- **Essen & Trinken:** »Rifugio Garibaldi«, Strada Tremalzo, Tiarno di Sopra, Tel. 00 39/04 64/59 81 11
- **Web:** www.kiteschoolnavene.com; www.friendsofarco.it; www.rifugiogaribaldi.com; www.valledileddro.com/inverno

des Winters hier, dass wir uns selbst davon überzeugen wollten«, erzählt Martina. Das Paar liebt die Natur, klettert und ist viel in den Bergen unterwegs. Beim Eisklettern waren sie noch nie. »Wer hätte gedacht, dass so ein Abenteuer am Gardasee möglich ist!« Martina schaut wieder ängstlich nach oben zu ihrem Mann und dann zum Bergführer. Mauro Girardi, Bergführer von der Bergschule »Friends of Arco« nickt ihr beruhigend zu. »Kaum einer denkt an Wintersport, wenn die Rede auf den Gardasee kommt«, stellt der Bergführer fest. »Dabei lässt sich der Winter hier wunderbar erleben. Die Tage sind klar, Himmel und See tiefblau und die Berge schneebedeckt.«

Abwechslung in Eis und Schnee

Die Wintersportmöglichkeiten in der Region sind vielfältiger, als man glaubt. Am See und in der Ebene ist das Klima mild. »Theoretisch kann man an einem Tag eine Skitour auf den Monte Stivo unternehmen oder eisklettern gehen und am nächsten Tag in Massone klettern – mit Glück im T-Shirt«, erzählt Mauro.

Es gibt noch mehr Winteraktivitäten in der Nähe des Lago: eine Hundeschlittentour auf dem tief verschneiten Passo Tremalzo zum Beispiel oder eine Schneeschuhwanderung durch das verschneite Val Concei. Selbst Snowkiten ist auf den Hängen des schneebedeckten Monte Baldo oder im Val di Ledro möglich.

»Give me five!«, ruft der Bergführer, und alle drei klatschen ab! Der Tag war ein frostiges, aber unvergessliches Erlebnis. Jetzt freuen sie sich darauf, nach Riva runterzufahren und unter Palmen am See einen heißen *vin brulé* zu trinken.

13 Wandern zur Käserei

Wo der **Käse** reift – kulinarischer **Genuss** auf der **Hochebene** von **Tremósine**

Unglaublich guten Bergkäse, unberührte Natur und so manchen grandiosen Ausblick bietet die ruhige Hochebene von Tremósine. Die Gemeinde Tremósine besteht aus mehreren Ortschaften, die mit ihren volkstümlichen und kulinarischen Traditionen und Spezialitäten bestechen. Ein markiertes Wegenetz erschließt Weiden, Pinienhaine und Berggipfel. Egal, ob man ab Vesio auf Schmugglerpfaden den Seufzergipfel, die »Cima di Sospiri«, erklimmt oder in Polzone ab der Käserei Richtung »Malga Pra dei Toni« wandern möchte – die Touren sind vielfältig und erfüllen jeden Geschmack.

- **Karte:** AD 2/3
- **Wo:** Geführte Wanderungen bei »Pro Loco«, Pzza. Marconi 1, Tremósine, Tel. 00 39/03 65/95 31 85; Besichtigung der Käserei »Alpe del Garda«, Via Provinciale 1, Polzone-Tremósine, Tel. 00 39/03 65/95 30 50 (nur im Sommer und auf Anfrage!)
- **Wann:** Sommer/Herbst
- **Essen & Trinken:** Agriturismo »Alpe del Garda« (s. o.)
- **Web:** www.alpedelgarda.it; www.infotremosine.it
- **Sonstiges:** Käsereiprodukte im Hofladen des Agriturismo; Feinschmeckertour »Cinquemiglia del Ghiottone« (s. S. 113)

14 Motorradtour

Kurvenglück – Serpentinenfahrt von Campione nach Gargnano

Durch atemberaubende Landschaft cruisen, sich in die Kurven legen, Geschwindigkeitswechsel und Beschleunigung spüren – ist es nicht das, wonach sich Motorradfahrer sehnen? Die kurvenreiche Strecke hinauf nach Tremósine erfüllt genau diese Wünsche.

Das schmale Bergsträßchen führt ab der *Gardesana occidentale* bei Campione durch die spektakuläre Schlucht La Forra. Dort schraubt sich die Straße einspurig und steil in Spitzkehren und durch Tunnels auf 600 m bis auf das grüne Plateau. Jetzt nicht zu schnell fahren und unbedingt am »Hotel Paradiso« einen Abstecher machen. Dort, auf der legendären »Schauderterrasse« (sie schwebt scheinbar im Nichts hoch über dem See) genießen Besucher einen tatsächlich atemberaubenden Blick bei einem Cappuccino. Ein Hochgenuss ist auch der nächste Streckenabschnitt. Meilenweit entfernt vom Rummel der Uferstraße geht es durch die wilde Hügellandschaft bis zur Wallfahrtskirche Montecastello bei Gardola (s. Tipp 54).

- **Karte:** AD 3–AC 4
- **Wo:** Campione–Pieve–Hotel Paradiso–Vesio–Gardola–Gargnano. Einstieg: von Riva aus; nach dem Tunnel rechts abbiegen
- **Wann:** Frühjahr/Herbst
- **Essen & Trinken:** »Hotel Paradiso« (»Schauderterrasse« frei zugänglich!), Viale Europa 19 (zwischen Pieve und Tremósine)
- **Web:** www.terrazzadelbrivido.it; www.infotremosine.it

Dann cruisen die Biker durch bergiges Gelände und über Tignale und Piovere wieder zum See hinunter. Geeignet für diese Tour sind die ruhigeren Monate im Frühjahr und Herbst. Noch ein Tipp: Im Fluss Vione gibt es spannende Canyoning-Möglichkeiten. Infos dazu im Hotel »Al Poggio« in Piovere (www.al-poggio.com) oder bei den Bergführern (www.liberavventura.it).

15 Museen in Trento

Die **Stadt** erkunden und im neuen **Wissenschaftsmuseum** experimentieren

Trento ist reich an historischen Denkmälern, Bars, Restaurants und netten Geschäften. Die Landeshauptstadt der Region Trentino stillt auch mit einer Vielzahl an Museen den Wissensdurst seiner Besucher. Das »Castello del Buonconsiglio« zum Beispiel, einst Residenz der Fürstbischöfe, zeigt Säle mit erlesenen Fresken aus dem Mittelalter und beherbergt ein Museum mit Ausstellungen zur Kulturgeschichte.
Wegen seiner familienfreundlichen Atmosphäre ist das Naturkundemuseum (»Museo Tridentino di Scienze Naturali«) ein echter Besuchermagnet. Bemerkenswert ist hier besonders das Planetarium.
Wer sich für die Geschichte der Fliegerei begeistert, hat mit dem »Museo dell' Aeronautica Gianni Caproni« gleich das älteste Luftfahrtmuseum der Welt vor Ort. Unbedingt besuchen aber sollte man das neue Wissenschaftsmuseum »Muse«, das der Architekt Renzo Piano entworfen hat. Es überrascht mit modernster Technologie, mit Animationen und Videoproduktionen. Der Besucher wird hier zum Entdecker, denn Anfassen und Experimentieren sind ausdrücklich erlaubt, damit Große und Kleine die Welt begreifen und einen Blick in die Zukunft werfen können. Themenschwerpunkt sind die Alpen und ihre Flora und Fauna.

- **Karte:** AF 1
- **Wo:** »Muse«, Via Roberto da Sanseverino; Infos zum »Museo delle Scienze«, Via Calepina 14, Tel. 0039/0461/270311; »Museo dell'Aeronautica Gianni Caproni«, Via Lidorno 3, Tel. 0039/0461/944888
- **Essen & Trinken:** Osteria »Le Due Spade«, Via Don Arcangelo Rizzi 11, Tel. 0039/0461/234343
- **Web:** www.muse2012.eu; www.leduespade.com; www.buonconsiglio.it; www.mtsn.tn.it

16 Bouldercity in Pietramurata

Die lokale **Kletterszene** trifft sich hier nicht nur bei **schlechtem Wetter**

Wissen Sie, wovon die Rede ist? Klettern ohne Seil ist gefährlich, meinen Sie? Dann haben Sie wahrscheinlich noch nichts vom Bouldern gehört. Kurze Erklärung für Neulinge: Bouldern (engl. »boulder«, Felsblock) zeichnet sich durch kurze, aber relativ anstrengende Routen an Felsblöcken oder Wänden in Kletterhallen aus, die ungesichert, also ohne Seil und Gurt, bewältigt werden. Zum Schutz liegen dicke Matten am Boden, die Stürze abdämpfen sollen. »Bouldern ist besonders bei jungen Klettersportlern beliebt – ein bisschen so wie das Snowboarden bei den Skifahrern«, erklärt Alessandro Gandolfo, Routenschrauber aus Arco. Gemeinsam mit Kollegen hat er die Boulderhalle in Pietramurata mit leuchtend bunten Griffen bestückt. »Für mich ist

- **Karte:** AF I
- **Wo:** »Bouldercity«, Viale Daino 74/a, Pietramurata; Boulderhalle am Ortsende rechts in Neubaukomplex mit Bar und Sportgeschäft
- **Wann:** Di–Fr 9–23, Sa 9–21, So 9–20 Uhr; Mo geschl. Im Sommer eingeschränkte Öffnungszeiten!
- **Wie viel:** Erwachsene: bis 17 Uhr 7 €, ab 17 Uhr 10 €; Bergführer und Kinder: bis 17 Uhr 5 €, ab 17 Uhr 8 €; Sa/So gelten Abendpreise
- **Essen & Trinken:** Nette Bar neben der Halle
- **Web:** www.bouldercity.it

das Tolle am Schrauben von Routen, dass ich kreativ sein kann und direkt Anerkennung oder Kritik von den Sportlern hier bekomme.«

Jeder findet seine Route

Die Boulderhalle wurde im Oktober 2012 eröffnet und euphorisch von der lokalen Kletterszene begrüßt. »Seit in Trento die Kletterhalle abgebrannt ist, gibt es in der Region keine wirkliche überdachte Alternative zu Pietramurata«, weiß der 32-jährige Routenschrauber Alessandro. Der drahtige und durchtrainierte Mann ist mit Leib und Seele Climber, und das in den oberen Ligen. Das Schrauben von Routen ist Alessandros Nebenerwerb, dem er mit großer Begeisterung nachgeht. »Klar klettere ich viel lieber draußen am echten Fels, aber bei schlechtem Wetter, abends nach der Arbeit oder im Winter ist die Halle wirklich super. Die Atmosphäre hier ist entspannt, und man trifft immer nette, interessante Leute.«

Die Wände in der gut 650 qm großen Boulderhalle sind bis zu 5 m hoch. Alessandro und seine Kollegen haben hier über 200 Routen in allen Schwierigkeitsgraden geschraubt. Auch kleinere Kinder haben in der Halle großen Spaß und toben sich in der Kinderecke aus!

17 Kunst im »Mart«

Museum für moderne Kunst in Rovereto

Weltweit genießt das Museum für moderne und zeitgenössische Kunst »Mart« (»Museo di Arte Moderna e Contemporanea«) in Rovereto großes Ansehen. Beeindruckend ist schon der Bau mit seiner riesigen Glaskuppel von dem Schweizer Architekten Mario Botta. Die ständige Ausstellung räumt der Stilrichtung des Futurismus mit Werken des aus Trient stammenden Künstlers Fortunato Depero (1892–1960) viel Raum ein. Zu sehen sind im »Mart« Werke der wichtigsten Stilrichtungen des 20. Jhs. – von der Abstrakten Kunst über Pop-Art, Nouveau Réalisme, die amerikanische Kunst der 1980er und 1990er-Jahre bis hin zu zeitgenössischen Künstlern. Zudem finden wechselnde Ausstellungen statt.

- **Karte:** AF 1/2
- **Wo:** »Mart«, Corso Bettini 43, Rovereto, Tel. 00 39/04 45/23 03 15
- **Wann:** Mo geschl., Di–Do und Sa/So 10–18, Fr 10–21 Uhr
- **Wie viel:** 11 €, erm. 7 €; Kinder bis 14 J. frei; Familienticket 22 €
- **Essen & Trinken:** Cafeteria/Restaurant »Le Arti« im Museum
- **Web:** www.mart.trento.it; www.visitrovereto.it

18 Quadfahren im Hinterland von Arco

Rasanter **Offroad-Spaß** auf vier **dicken Reifen**

Action, Fahrtwind, Kurven und ziemlich viel Adrenalin – beim Fahren mit dem Quad kommen die Teilnehmer ganz schön auf Touren. Auf dicken Reifen geht es schwungvoll mitten in die Natur. »Natürlich können wir nicht nur querfeldein fahren, aber wir sind fast ausschließlich auf Schotterstraßen oder Feldwegen unterwegs«, erklärt Enzo Ferrari von »Garda Avventura Go Experience« in Arco. Seine Firma organisiert geführte Quad-Touren und vermietet die heißen Stühle auch an Interessierte. »An unseren Touren kann jeder teilnehmen, der einen gültigen Pkw-Führerschein vorweisen kann.«

Mit den kleinen, wendigen Offroad-Fahrzeugen erleben Urlauber die Landschaft um den Gardasee auf besondere Weise. Enzo behauptet, Quadfahren sei daher ideal für alle, die die Natur näher kennenlernen wollen, aber nicht mit dem Rad fahren oder wandern möchten. Bei keiner von seinen Touren mit dem Quad darf ein gemütlicher Stopp in einem typischen Restaurant oder in einer Weinkellerei fehlen. »Das gehört bei uns so selbstverständlich dazu wie der Milchschaum auf dem Cappuccino!«, meint er.

- **Karte:** AE 1
- **Wo:** »Garda Avventura Go Experience«, Via S. Andrea 16/e, Arco, Tel. 00 39/04 64/51 28 86; im Industriegebiet zwischen Arco und Ceole
- **Wann:** Ganzjährig
- **Wie viel:** Halbtagestouren: Fahrer 90 €, Beifahrer 30 €
- **Essen & Trinken:** Auf den Touren meist Restaurant-Stopp
- **Web:** www.gardaavventura.com
- **Sonstiges:** Führerschein Klasse B Voraussetzung

19 Besuch in einer Olivenölmühle

Ivo Bertamini presst in Arco köstliches **Olivenöl** und stellt **Olivenölcremes** her

Der Gardasee ohne Olivenöl wäre wie München ohne Bier. Die kleinen, oft buckligen und gekrümmten Bäume mit ihren silbrigen Blättern prägen das Landschaftsbild der Region im Norden des Gardasees. »Aufgrund ihrer besonderen geografischen Lage und der klimatischen Bedingungen ist *Alto Garda* nicht nur eine der nördlichsten Anbauzonen Italiens, sondern auch Europas. Mehr noch, die Region ist weltweit bekannt für ihr exzellentes Olivenöl«, erzählt Ivo Bertamini, Olivenbauer aus Vignole bei Arco.

Traditionelle Ölpressung

Ivo, weißhaarig und wettergegerbt, betreibt seine traditionelle Olivenölmühle schon seit über 40 Jahren.

»Wir pressen die Oliven noch mit einem richtigen Mühlstein. Im Vergleich zu den Olivenölen aus den modernen Mühlen schmeckt unser Öl weicher und weniger pikant.« Den Familienbetrieb hat Ivo von seinem Vater übernommen und führt ihn mit Herz und Verstand. Über 80 Olivenbauern bringen ihre Oliven zu ihm. »Wir pressen im Jahr rund 3,5 Tonnen Oliven, woraus 93 000 Liter Öl entstehen.«

Interessierten zeigt Ivo gern seine Ölmühle. Am besten ruft man ihn einen Tag vorher an und vereinbart einen Termin für den Besuch.

Dann kommt Ivo ins Schwärmen: »Im Vergleich zu Süditalien produzieren wir zwar wenig Öl, dafür ist unser *Olio Extravergine d'Oliva del Garda* aber von äußerst guter Qualität. Es duftet nach frühen Mandeln, Artischocken und Kräutern.«

Fein duften auch andere Produkte, die Ivo herstellt, z. B. seine hochwertige Olivenölkosmetik oder seine Wellnesstropfen. Vor gut zehn Jahren, als er mit dem Projekt angefangen hat, haben manche über Ivo geschmunzelt. Heute längst nicht mehr. Seine Produkte verkauft auch das Sanitätshaus »Luisa Sanitari« in der Via S. Caterina 4 H in Arco (mehr zum Thema s. S. 126 f.).

- **Karte:** AE I
- **Wo:** Frantoio di Ivo Bertamini, Via G. Mazzini 12, Arco/Vignole, Tel. 00 39/04 64/51 72 29; von Arco aus am »Hotel Everest« links, dann weiter bis zum Platz; die Mühle liegt links
- **Wann:** Führung und Ölverkostung auf Anfrage
- **Wie viel:** Führung gratis; 0,75 Liter Öl 12 €. Bei selbst mitgebrachter Flasche und Mindestabnahme von 3 Litern 12 €/Liter
- **Essen & Trinken:** »Pizzeria Pace«, Via Vergolano 42, Arco, 00 39/04 64/51 94 95
- **Web:** www.frantoiobertamini.com; www.gardatrentino.it; www.pizzeriapace.it

20 Wandern im Bosco Caproni

Durch schattige Wälder und höhlenartige Steinbrüche bei Arco

»Sogar viele meiner Freunde kennen diese hübsche Wanderung nicht«, wundert sich Claudio Verza, ein echter Local, Naturliebhaber und Bergfex. Er kennt in der Gegend jeden Pfad und weiß viele Geschichten zu erzählen. »Der Bosco Caproni wurde nach dem Flugzeugpionier und Industriellen Gianni Caproni aus Massone benannt, der in den 1920er-Jahren wegweisend im Flugzeugbau war. Caproni kaufte den Wald zu Wiederaufforstungszwecken in den 1930er-Jahren«, erzählt der kräftige, sportliche Mittfünfziger. Die leichte Wanderung ist gut ausgeschildert und kann ohne Bergführer begangen werden. Claudio gibt

eine kurze Wegbeschreibung: »Ein Schotterweg führt durch schönen Mischwald nach oben und überwindet dabei knapp 400 Höhenmeter. Insgesamt zieht sich der Weg über 6 km hin. Bei gemütlichem Gehtempo ist man also zwei bis drei Stunden unterwegs.«

Weiches, weißes Gestein

Die Tour beginnt an dem beliebten Kletterfelsen von Massone, der Policromuro (s. Tipp 21). Während die Klettersportler hier die Vertikale in allen Schwierigkeitsgraden erklimmen, erkunden die Wanderer Eichen- und Kiefernwälder, bronzezeitliche Felsmalereien und höhlenartige Oolith-Steinbrüche. »Dieses weiche, weiße Kalkgestein wurde jahrhundertelang von Bildhauern verwendet. Sie fertigten daraus Säulen und Skulpturen, beispielsweise für die Kirche von Arco, für den Brunnen auf der Piazza Duomo in Trento und für die Taro-Brücke in Parma«, erklärt Claudio.

Tief führt der Weg in die Aushöhlungen im Stein hinein und hindurch. Das kühle Halbdunkel der Steingewölbe versetzt einen in vergangene Zeiten beziehungsweise in eine verwunschene Welt. Nach gut einer Stunde erreichen wir eine Anhöhe mit Aussichtspunkt und Picknickplatz. Zurück geht es auf demselben Weg. »Wer jetzt noch nicht genug hat, der läuft weiter Richtung Braila und Luch zum »Sculpture Park Drena 3000«. Claudio deutet Richtung Norden, wo Drena liegt: »Interessierte können dort Skulpturen und Malereien bewundern. Die Gegend ist außerdem wunderschön und ideal zum Radfahren, Spazierengehen oder Wandern. Leider wird der Park nicht mehr gepflegt«.

Und noch ein Tipp von Claudio: Besuchen Sie in Trento das Luftfahrtmuseum »Museo dell' Aeronautica Gianni Caproni« (s. Tipp 15) mit seiner bedeutenden Sammlung historischer Flugzeuge.

- **Karte:** AE I
- **Wo:** Im Ortsteil Arco/Massone Wegweisern »Falesia di Policromuro« bis Parkplatz folgen, weiter zu Fuß
- **Wann:** Ganzjährig; besonders reizvoll im Herbst
- **Essen & Trinken:** Picknickplatz am Aussichtspunkt; »Ristorante Marosi« (Spezialität Kaninchen; beliebt bei Einheimischen), Via Repubblica 22, Bolognano/Arco, Tel. 00 39/04 64/ 53 26 54
- **Web:** www.gardatrentino.it

21 Klettern rund um Arco

In den Klettergärten wie »Belvedere« toben sich begeisterte Sportler aus

Sportklettern hat in Arco Geschichte geschrieben, und wer rund um Arco klettert, legt seine Hände an geschichtsträchtige Felsen. Manolo alias Maurizio Zanolla wirbelte die Kletterkreise in den 1980er-Jahren auf. Der Diego Maradona unter den italienischen Klettersportlern hat in Arco nicht nur eine neue Dimension des Kletterns eröffnet, sondern auch die Entwicklung im Sportklettern entscheidend beeinflusst. »Ich habe die besten Jahre meines Lebens in Arco verbracht«, schwärmt Manolo.

Die Kletterpioniere von Arco

Manolo hat mit einer Gruppe von Kletterbegeisterten die Vorteile von maximal 30 m hohen Wänden mit gebohrten Routen entdeckt. »So konnten wir auch stürzen, schließlich waren wir ja gesichert. Wir wagten uns jetzt an viel schwierigere und überhängende Passagen heran«, erklärt der Kletterfreak. »Wo sich die Kletterer heute an gesicherten Routen austoben, mussten wir jeden Haken eigenhändig bohren. Das war harte Arbeit.« Manolo und seine Freunde haben nicht nur das Sportklettern an den nördlichen Gardasee gebracht, sondern setzten auch die entscheidenden Haken für Arcos Verwandlung vom traditionellen Kurort zu einem der beliebtesten Sportkletterzentren Europas.

Über 2000 gesicherte Route

Was für Manolo einst ein Abenteuer auf noch unberührtem Terrain war, ist heute gut erschlossen, und die Gemeinden Arco und Nago investieren in die Sicherheit und Instandhaltung vieler Klettergärten. So gibt es in der Region über 2000 gesicherte Routen – selbstverständlich auch Mehrseillängen-Touren –, und jedes Jahr werden es mehr. Trotzdem bleiben die Klassiker interessant. Zum Beispiel der Klettergarten Policromuro bei Massone, ein Hotsport für Touristen, die italienische Kletterelite, einheimische Bergführer sowie internationale Kletterprofis.

- **Karte:** AE 1–AF 1
- **Wo:** Klettergärten um Arco, Nago und im Sarcatal mit über 2000 gebohrten Routen. Anfänger: »Muro dell'Asino«, Arco/Loc. Laghel; Szenetreff: »Policromuro« bei Massone; klettern mit Aussicht: »Belvedere« bei Nago
- **Wann:** Ganzjährig
- **Anbieter:** »Mountime Outdoor Adventures«, Via Paolina Caproni Maini 26/e, Loc. Prabi-Arco, Tel. 00 39/33 4/7 73 41 33
- **Essen & Trinken:** Picknickplatz an der »Muro dell'Asino«; Restaurant »Mammamia« (brasilianische Küche; Fr/Sa Disconacht), Via Legionari Cecoslovacchi 14, Loc. Prabi-Arco, Tel. 00 39/04 64/53 19 43
- **Web:** www.mountime.com
- **Sonstiges:** »Rock-Master-Stadion«, Arco. Mai–Sept., tägl. 10–22 Uhr; April und Okt. verkürzte Öffnungszeiten; Eintritt: 10 €, Kinder 7 €

Wer einfachere Routen sucht, erobert am besten die Muro dell'Asino hinter dem Colodri, wo es auch eine Kinderkletterwand gibt.

Und wer Klettern mit Aussicht liebt, lässt seine Karabiner in die Bohrhaken von Belvedere bei Nago klicken und genießt den rauen Fels und einen fantastischen Blick auf den See. Ein Klassiker ist auch das Rock-Master-Kletterstadion in Arco, wo seit über 20 Jahren alljährlich der legendäre Rock-Master-Wettkampf der Weltbesten stattfindet (s. S. 115).

22 Klettersteige bei Arco

Am Drahtseil sicher über luftige und ausgesetzte Pfade

Klick-klack, klick-klack. Rhythmisch, leicht versetzt, schnappen die Karabiner nacheinander in das Drahtseil des Klettersteigs, der auf den Cima Capi führt. Dann folgt ein leises, metallenes Ziehgeräusch. Ansonsten ist es ganz still. Die kleine Gruppe befindet sich rund 500 m über dem Gardasee. An manchen Stellen ist der Pfad luftig und ausgesetzt, an anderen Stellen ist der Fels glatt – »abgespeckt«, wie die Kletterer sagen. Also: konzentrieren, sicheren Tritt suchen und die Karabiner immer richtig einhängen.

Die abenteuerlustigen Nürnberger gehen zum ersten Mal einen Klettersteig, und Bergführer Mauro Girardi zeigt den sportlichen Neulingen nicht nur geduldig Tipps und Tricks am Drahtseil, sondern lässt sie auch an seiner Begeisterung für Berg und

Sport teilhaben. »Ein Klettersteig ist eine perfekte Alternative für alle, die mehr wollen als nur wandern, aber den Kick des Kletterns scheuen«, betont Mauro. Ideal sind die Touren auf den Klettersteigen rund um den Gardasee im Frühjahr und Herbst, wenn auf der Alpennordseite noch, oder schon wieder, Schnee liegt.

Jede Tour ist besonders

»Hier im Norden des Sees gibt es zahlreiche unterschiedliche Klettersteige in allen möglichen Schwierigkeitsgraden«, erklärt Mauro: »Auch wenn der Klettersteig auf den Cima Capi vom Schwierigkeitsgrad her relativ leicht ist, ist er für mich doch einer der schönsten der Gegend.«
Der Cima Capi bietet alles, was man sich so als Bergfex wünscht: luftige Passagen, wunderbare Tiefblicke und gute Sicherungen. Oben angekommen, trocknet ein kühles Lüftchen die feuchten T-Shirts, und eine berauschende Aussicht lässt die Anstrengungen rasch vergessen.
Aber es gibt noch mehr auf diesem schönen Klettersteig zu entdecken: Der Pfad führt weiter über ehemalige Kriegssteige und durch ein verzweigtes Höhlensystem, das den Soldaten im Ersten Weltkrieg als Schutz vor Feind und Wetter diente. Wunderbare Aussichten bietet auch der »Sentiero dei Banditi« im Nordwesten, ein ehemaliger Schmugglerpfad, der von Riva nach Limone am Steilufer entlangführt. Bergführer Mauro warnt jedoch: »Der Steig ist stellenweise extrem ausgesetzt und zudem schlecht abgesichert.« Nur sehr erfahrene Bergsteiger sollten daher den »Sentiero dei Banditi« allein begehen.

- **Karte:** AD 1–AE 1
- **Wo:** Klettersteige Colodri, Cima Capi und Rio Sallagoni um Arco und Riva del Garda
- **Wann:** Frühjahr bis Herbst
- **Anbieter:** Bergschule »Friends of Arco«, Chalet delle Guide, Parkplatz »Camping Arco«, Tel. 00 39/335/5 62 88 62 oder Reisebüro »La Palma«, Piazza III Novembre 6, Arco, Tel. 00 39/ 04 64/5 1 81 77
- **Wie viel:** Halbtagestouren ab 59 €, Tagestour ab 80 €; Leihgebühr für Klettersteigset 12 €/Tag
- **Essen & Trinken:** Gelateria »Tariffa«, Via Segantini 51 (Fußgängerzone), Arco
- **Web:** www.friendsofarco.it
- **Sonstiges:** Besuch im Kaffee-Museum »Omkafe«, Via Aldo Moro 7, Arco/San Giorgio (www.omkafe.it)

23 Reiten in der Busa

Die Region im **Norden** des Sees vom **Pferderücken** aus erkunden

»Das Pferd ist für mich ein Partner, auf den ich mich verlassen kann, denn es vermittelt mir Sicherheit, Geborgenheit und Trost.« Manuela Baldassarini streicht ihrem Pferd Armony zärtlich die Nüstern. Ihre Begeisterung für Pferde ist riesig. Kein Wunder, dass Manuela ihr Wirtschaftsstudium abgebrochen und ihren Lebensraum zum Lebensmittelpunkt gemacht hat. Die 26-Jährige leitet heute den Reitverein »Club Ippico San Giorgio« in der Nähe von Arco. Dort hat sie vor 16 Jahren selbst als verträumter Teenager mit dem Reiten angefangen und ihre Lieblinge gestriegelt und gebürstet. »Ich habe immer schon das Springen geliebt«, sagt sie bescheiden, aber durchaus stolz. Und das kann sie auch sein, denn zahlreich sind die Auszeichnungen, die an den Wänden ihres Büros prangen. »Mittlerweile haben wir im Club auch ein sehr gutes Team und sind auf vielen Turnieren unterwegs.« Aber nicht nur das Springen fasziniert die Leiterin des Reitclubs, sondern auch die therapeutischen Effekte, die das Reiten und der Umgang mit Pferden hat. »Reiten baut Selbstvertrauen auf und stärkt den Charakter.« Manuela gibt neben dem Bereiten und Trainieren der Pferde Reitunterricht – auch für kleine und große Urlauber.

Wilde Reiter unterwegs

Eltern wie Kinder, Neueinsteiger und Profis können im Reitverein San Giorgio glückliche Stunden verbringen – vom ersten Pferdekontakt über Reitstunden bis zum Ausritt. Manuela reitet mit ihren Gästen oft durch die Busa, die Landschaft zwischen Arco, Riva und Torbole. »Auch wenn bei uns viele kleinere Straßen gesperrt sind, können Pferd und Reiter sich hier so richtig austoben.« Gute Möglichkeiten zum Reiten gibt es natürlich an vielen Orten rund um den See. »Wer gern in die Berge reiten möchte, der muss sich allerdings etwas weiter südlich oder im Val di Ledro einen Reitstall suchen«, sagt Manuela Baldassarini. »Uns bleibt hier als Aussichtspunkt nur der Monte Brione mit seinen 376 m, von dem man aber ebenfalls einen tollen Rundumblick auf den See hat«, schwärmt die Reiterin.

Manuela liebt die Gegend, in der sie aufgewachsen ist. »Ich war viel im Ausland unterwegs, aber am besten gefällt es mir doch hier am See. Es ist wahrscheinlich diese perfekte Mischung aus Wasser, Bergen, Kultur und Natur. Dieses Klima tut nicht nur Urlaubern gut, sondern auch den Pferden!« Manuela zwinkert mit den Augen und macht sich wieder an die Arbeit.

- **Karte:** AE I
- **Wo:** »Club Ippico S. Giorgio«, Loc. S. Giorgio, Arco, Tel. 00 39/329/3 81 76 34; von Arco über die Via S. Caterina Richtung Riva del Garda, im ersten Kreisverkehr links, dann rechts in die Via Narzelle. Hof am Straßenende links
- **Wann:** Ganzjährig
- **Wie viel:** Unterricht oder Ausritt: 25 €/1 Std.
- **Essen & Trinken:** Bäckerei »Panificio Corraini« (Einheimische schwören auf das Brot), Via Aldo Moro 37, Arco, Tel. 00 39/04 64/5 l 80 19
- **Web:** www.clubippicosangiorgio.it
- **Sonstiges:** Ausritte auf den Monte Baldo bei »Ranch Barlot« in Caprino Veronese (www.ranchbarlot.com)

24 Therme in Arco

»Garda Thermae« – Wohlbefinden im modernen Wellnessparadies

- **Karte:** AE 1
- **Wo:** »Garda Thermae«, Via Linfano 52, Arco, Tel. 00 39/04 64/54 80 12
- **Wann:** Öffnungszeiten variieren; Mi geschl., Beautybereich tägl. offen
- **Wie viel:** Schwimmbad: 5,50 €/1,5 Std., erm. 3,50 €/1,5 Std., Sa/So/Fei 0,50 € Aufschlag; Sauna: 12,50 €/1,5 Std., Sa/So/Fei 1 € Aufschlag
- **Essen & Trinken:** Gutes Restaurant in der Anlage
- **Web:** www.gardathermae.it; www.naturarcobioessere.it
- **Sonstiges:** Neben der Therme Biosupermarkt »La bottega del bio essere« mit Imbiss und Kochkursangebot, Tel. 00 39/04 64/50 52 78

In unmittelbarer Nähe des Gardasees sprudelt aus der Quelle Linfano das thermale Heilwasser von Arco. Es zeichnet sich einerseits durch mikrobiologische Reinheit und geringen Mineralsalzgehalt aus, andererseits durch einen hohen Gehalt an Fluor. Außerdem enthält es Bikarbonat, Kalzium und Magnesium und eignet sich für Badekuren bei Hauterkrankungen und Trinkkuren. Das topmoderne Wellnesszentrum lässt keine Wünsche offen. Zum Angebot gehören drei Schwimmbecken, diverse Saunen, Schönheitsbehandlungen, ein Medical SPA und ein Fitnessraum.

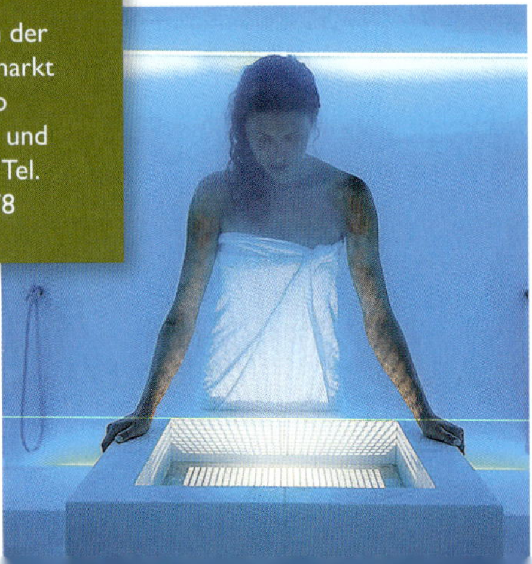

25 Sarca-Radweg

Auf dem **City-Bike gemütlich** zur **Römischen Brücke** in **Ceniga** fahren

Sie sind sehr bequem, haben einen weichen Sattel und lassen sich locker treten. »City-Bikes sind ein perfektes Fortbewegungsmittel für alle, die im Urlaub möglichst ihr Auto nicht bewegen möchten.« Davon jedenfalls ist Maurizio Giuliani, »Bike-Guru« und »Bike-Doctor« aus Arco, überzeugt. In seinem legendären Shop findet man alles, um ein Fahrrad instandzuhalten – und gibt es beim Reparieren Probleme, dann hilft Maurizio. Sein zweites Standbein ist die Bike-Vermietung. City-Bikes verleiht er mittlerweile auch.

Ausflug zur Römischen Brücke

Vor allem die Campingplatzgäste nutzen die Bikes von Maurizios Verleih, um nach Arco zu radeln – zum Eisessen oder um sich die Gegend anzuschauen. Reizvoll ist der Sarca-Radweg von Arco nach Ceniga zur Römischen Brücke, unter der im Sommer reger Betrieb herrscht. »Das ist eine schöne Tour, bei der man auf dem Rückweg unbedingt einen Abstecher nach Dro einlegen muss, um in der ›Gelateria Maui‹ ein Eis zu essen«, erzählt Maurizio und lacht. Auch wenn der nördliche Gardasee eher bekannt ist für seine einmaligen Mountain-Bike-Trails, hat die Region doch ebenfalls attraktive Radwanderwege zu bieten. Der Sarca-Radweg zum Beispiel führt von Arco aus weiter bis zum Gardasee, wo man gemütlich die Uferpromenade zwischen Riva und Torbole entlangfahren kann.

- **Karte:** AE I
- **Wo:** Radweg beginnt am großen Parkplatz in Arco (am Wasserautomaten) in Richtung Norden oder beim Fußballplatz in Richtung Süden.
- **Essen & Trinken:** »Gelateria Maui«, Via Mazzini 18, Dro
- **Sonstiges:** »Giuliani Bike Shop« mit City-Bike-Verleih, Via Galas Bruno 29, Arco, Tel. 00 39/ 04 64/51 83 05; www.bikegiuliani.com

26 Besuch in Arco

Wo Hightechsport und mittelalterliches Flair aufeinandertreffen

»Auch wenn Arco sich in den letzten 20 Jahren stark verändert hat, hat es doch viel von seinem historischem Charme bewahrt«. Hans-Martin Götz weiß, wovon er spricht. Seit 1990 lebt der 56-jährige Alpinist in Arco und hat den Wandel vom verschlafenen Nest zum Trendort der Freizeitsportler live mitbekommen. »Mich fasziniert diese Symbiose aus Sport und Kultur. Ich liebe vor allem den Blick von der Burg hinunter auf Arco und die Busa«, erklärt der Besitzer zweier Guesthouses. Auf einen Cappuccino und zum Sehen und Gesehenwerden, geht Hans-Martin am liebsten zu Pio in die Bar »Conti d'Arco«, denn hier scheint die Zeit still zu stehen …

- **Karte:** AE I
- **Wo:** Burg von Arco von der Fußgängerzone aus in 10 Min. erreichbar; Burgführungen: »Ingarda Trentino«, Viale delle Palme 1, Arco, Tel. 0039/0464/554444
- **Wann:** Turnierplatz der Burg: April–Sept. tägl. 10–19, Okt.–März 10–16 Uhr; Jan. nur Sa/So; Febr. tägl. 10–15 Uhr
- **Wie viel:** Eintritt Burg 3,50 €, erm. 3 €
- **Essen & Trinken:** Bar »Conti d'Arco«, Piazza Marchetti 2, Arco
- **Web:** www.gardatrentino.it; www.guesthouse-arco.com

27 Nordic Walking

Routennetz rund um Arco

Als Nordic Walking vor einigen Jahren in aller Munde war, hat auch Arco in diesen Trend investiert und den »Nordic Walking Arco Park« mit über 100 km Touren eingerichtet. »Ich laufe gern mit den Stöcken. Das entlastet die Knie und den Rücken«, meint Barbara Soardi, Nordic-Walking-Trainerin. Sie begleitet im Sommer auf Anfrage Nordic-Walking-Gruppen. »Jeder findet im Park von Arco die richtige Tour«, erklärt sie. »Es gibt Wege in der Ebene, andere führen über Schotterpfade durch hügeliges Gelände oder überwinden bis zu 400 Höhenmeter.« Wem das nicht reicht, der erkundet die Natur auf eigene Faust.

- **Karte:** AE I
- **Wo:** Ausgangspunkte: »Rock-Master-Kletterwand« Arco (Località Prabi), Monte Velo (Malga Zanga) und San Giovanni al Monte (»Rifugio San Giovanni«)
- **Wann:** In der Ebene ganzjährig, in Höhenlage solange kein Schnee liegt
- **Essen & Trinken:** Bar in der Burg von Arco (Öffnungszeiten wie Burg)
- **Web:** www.gardatrentino.it
- **Sonstiges:** Touren mit Barbara Soardi buchbar über www.friendsofarco.it

28 Yoga

Energie schöpfen im **Olivenhain** in **Arco**

- **Karte:** AE I
- **Wo:** Studio »Fior di Loto«, Via Marconi 1, Arco, Tel. 00 39/04 64/51 92 84
- **Wann:** Nach Absprache
- **Wie viel:** 15 €/1 Std. (mind. 4 Pers.)
- **Essen & Trinken:** Pasticceria »Tre Rose«, Via Nas 5, Arco, Tel. 00 39/04 64/51 96 45
- **Web:** www.fiordilotothai.com
- **Sonstiges:** Ayurvedische Massage bei »Fior di Loto«

Nur die Ruhe bewahren, tief durchatmen und ganz entspannt weitermachen. Wie oft sagt man sich dieses Sprüchlein im Alltag vor?
Ein Weg zu mehr Gelassenheit ist ganz bestimmt Yoga. »Für mich ist das der ideale Ausgleich zum täglichen Trott«, so der Yogalehrer und Masseur Marco Mantegazza. Diese Erkenntnis ist nicht wirklich neu. Außergewöhnlich ist jedoch der Ort, an dem Marco Mantegazza seine Yogastunden gern abhält – unter Olivenbäumen mit Blick auf die Burg von Arco. Vögel zwitschern, kein Straßenlärm stört die Ruhe. »Auch im Urlaub kommt die Stadthektik oft durch, und es fällt vielen Menschen schwer, Harmonie zwischen Geist und Körper zu finden.« Marcos Unterricht findet auf Anfrage statt und ist ideal für Anfänger und Fortgeschrittene.

Wer nach der Yogastunde noch etwas mehr Natur erleben möchte, macht im »Parco Arciducale«, dem Botanischen Garten von Arco, einen Stopp. Zwischen seltenen Gewächsen und duftenden Blüten kann man noch einmal tief durchatmen und die Ruhe genießen.

29 Bikepark in Torbole

Spannende **Pisten** und **Parcours** für **BMX-, Bike-** und **Downhill-Fans**

Von wegen, BMX ist out oder gar ein Relikt aus den 1970er-Jahren. »Es ist schwer in Mode«, behauptet Matteo vom Bikepark in Torbole. Auch heute toben sich Kinder und Jugendliche abseits öffentlicher Straßen im hügeligen Gelände auf ihren Rädern aus, probieren Sprünge und andere Tricks. Dass BMX so gefragt ist, war Grund genug für Matteo und seinen Partner Enrico, im Sportpark »Le Busatte« nicht nur einen Hochseilgarten zu eröffnen, sondern auch einen Bikepark. Die BMX-Bahn mit verschiedenen Sprüngen, Wellen und Steilkurven ist 400 m lang. Sie ist für jeden geöffnet – für Kinder bis zwölf Jahre jedoch nur in Begleitung eines Erziehungsberechtigten. Im Park finden Mountainbiker eine 450 m lange, knifflige Strecke mit Hindernissen, steilen Abfahrten und Anstiegen, Richtungswechseln und einer Schwingbrücke. Zudem gibt es eine Cross-Country-Strecke, einen Downhill- und einen Freeride-Park, den man auf eigene Faust erfahren kann. Bikes, Protektoren und Helm kann man sich ausleihen. Im Angebot sind auch geführte Touren mit den Profi-Guides vom »Carpentari Bike Shop« in Torbole (s. Tipp 3).

- **Karte:** AE 1/2
- **Wo:** Bikepark »Busatte Adventure«, Loc. Busatte, Torbole, Tel. 00 39/3 47/2 88 05 70; BMX-Piste, MTB-Cross-Country- und Geschicklichkeitsparcour, Bike-Trial-Spots, Downhill-Park
- **Wann:** 15. Juni–Ende Sept. tägl. 10–19 Uhr; im Winter verkürzte Öffnungszeiten
- **Wie viel:** BMX-Piste: 7 € (20 % Ermäßigung auf Eintritt in Hochseilgarten); Hochseilgarten: Kinder 16 €, Erwachsene 22 €
- **Essen & Trinken:** Bar/Restaurant »Centro Sportivo« im Park
- **Web:** www.busatteadventure.it; www.carpentari.com

30 Tour mit dem E-Bike

Mit dem Elektrorad von Torbole fast ohne Anstrengung ins Sarcatal radeln

Flott rauschen die E-Biker den Sarca-Radweg (s. Tipp 25) entlang und bekommen gerade noch die Kurve, um bei »Mecki's Bike & Coffee« in Torbole vorbeizuschauen (s. Tipp 3). Hier sitzen die »echten« Biker, um zu sehen und gesehen zu werden. Wer etwas auf sich hält, muss mindestens einmal im Bike-Urlaub bei »Mecki's« ein Panino gegessen haben. Auch die E-Bike-Gruppe kehrt ein. Schließlich treten auch sie in die Pedale wie die anderen – wenn auch mit Kraftverstärker, der die Mühen erleichtert.

Der 69-jährige Wolfgang aus Puchheim bei München ist von den neuen Bikes angetan: »Das perfekte Funsportgerät für die ältere Generation«, meint er begeistert. »Ich habe heute auf einer Bergstrecke lässig schweißüberströmte Biker überholt.« Seine Augen blitzen vor Freude.

E-Bike-Boom in Arco

Das Geheimnis des E-Bikes ist der kleine Motor, der unterstützend zur Muskelkraft surrt. Ganz ohne eigenen Antrieb geht es aber auch nicht.

- **Karte:** AE 1/2
- **Wo:** 10 km langer Radweg entlang der Sarca von Torbole bis Ceniga im Sarcatal
- **Wann:** Ganzjährig
- **Essen & Trinken:** »Mecki's Bike & Coffee«, Via Matteotti 5, Torbole. Tel. 0039/0464/548051
- **Web:** www.madonnadelle vittorie.it; www.bikegiuliani.com; www.mecki.com
- **Sonstiges:** E-Bike-Verleih: »Bike Shop Giuliani«, Via Bruno Galas 29/A, Arco, Tel. 0039/ 0464/518305; Wein und Ölverkostung bei »Madonna delle Vittorie«, Via Linfano 81, Arco (Termin vereinbaren!)

Wer vorwärtskommen will, vor allem bergauf, der muss schon mittreten. Auch Maurizio, Besitzer des Radfachgeschäfts »Giuliani-Bike«, ist von den Elektrorädern überzeugt und vermietet mittlerweile E-Bikes: »Die Nachfrage steigt. Zu uns kommen untrainierte Ehefrauen, die ihre Partner begleiten möchten, oder ältere Biker, die eine längere Tour in die Berge unternehmen wollen. Unsere E-Bikes mit Bosch-Technologie kosten rund 35 Euro pro Tag und fahren bis zu 90 km weit.«

Genuss mit allen Sinnen

Mit einem E-Mountain-Bike strampeln selbst wenig Geübte auf steilen Schotterwegen federleicht hinauf zum Lago di Ledro oder umrunden den Lago di Tenno (s. Tipp 2 und 8). Gemütlicher ist jedoch eine E-Bike-Tour von Torbole entlang der Sarca oder auf der Seepromenade von Riva nach Torbole. Auf allen Routen aber bieten sich atemberaubende Panoramablicke und köstliche Einkehrmöglichkeiten. »Das ist echtes Dolce Vita«, schwärmt Wolfgang und fährt der Gruppe zur Ölverkostung im Agritur »Madonna delle Vittorie« hinterher. Lieber wäre ihm eine Weinverkostung – aber da ist ja immer noch der kleine Motor. Na, vielleicht ein kleines Schlückchen …

31 Segeln auf dem Lago

Zur **Mittagszeit** lockt die **Ora** Hunderte **Segler** auf das Wasser

Es rauscht, es pfeift, es spritzt: Die schlanken Rümpfe des Katamarans schneiden scharf durchs Wasser, die Segler hängen fast waagerecht im Trapez. Dann, es geht ganz schnell, tauchen die Spitzen unter – und plumps liegen alle im Wasser. Kentern gehört zum Katamaranfahren dazu wie der Wind zum Gardasee – und Marco Segnana, diplomierter Segellehrer, lacht und meint: »Ein Leben ohne Wind ist wie Pizza ohne Mozzarella.« Marco Segnana segelt und surft, seit er zwölf Jahre alt ist und betreibt schon seit über 30 Jahren eine Windsurf- und Segelschule in Torbole. Marco ist ein Fachmann für die Winde am See: »Der König unter den Winden am Lago ist der aus dem Norden kommende Pelèr,

- **Karte:** AE I/2
- **Anbieter:** »Surf Center Segnana«, Foci del Sarca, Torbole, Tel. 00 39/04 64/50 59 63
- **Wo:** Am »Lido di Torbole« der Beschilderung »Surf Center Marco Segnana« folgen
- **Wann:** April–Okt.
- **Wie viel:** Schnupperkurs (Topcat oder Jolle) ab 69 €; 6 Std./3 Lektionen mit Topcat oder Jolle ab 195 €; Leihgebühr/halbtags für Topcat ab 95 €
- **Essen & Trinken:** Bar »Foci del Sarca« auf dem Gelände
- **Web:** www.surfsegnana.it
- **Sonstiges:** Geführte Kajaktouren zu den Felswänden bei Riva del Garda (»Deep water soloing«). Anmeldung bei www.friendsofarco.it

ein gemächlicher Schönwetterwind. Die temperamentvolle Ora, aus dem Süden setzt gegen Mittag ein und ist der bekannteste Wind am Lago«.

Traditionsreiche Regatten

Die Windbeständigkeit am Gardasee erklärt, warum das Segeln hier eine lange Tradition hat. Rund um den Lago gibt es über 50 Segelclubs. Zu den ältesten gehört der Club »Fraglia Vela Riva« in Riva del Garda, dessen Wurzeln bis ins Jahr 1928 zurückreichen. Der Club hat schon so manchen italienischen Meister im Segeln hervorgebracht.
»Insgesamt finden zwischen Riva und Torbole im Jahr über 30 Regatten auf nationalem und internationalem Niveau statt. Viele davon werden auch vom Segelclub »Circolo Vela« in Torbole organisiert.

Rekordverdächtig

Mit dem internationalen »Garda Optimist-Meeting« gelangte das Segelzentrum »Fraglia Vela Riva« sogar in das Guinnessbuch der Rekorde, denn im Jahr 2012 hissten auf diesem Turnier ganze 1055 Teilnehmer ihre Segel. Rekordverdächtig ist auch die legendäre »Centomiglia«, die international zu den größten Segelregatten in Binnengewässern zählt. Sie lockt jährlich zahlreiche Teilnehmer und Zuschauer aus der ganzen Welt in den Hafen von Bogliaco am Westufer (s. S. 115).
Ein gut gemeinter Tipp: Vergessen Sie die nicht, die Schwimmweste anzulegen! Schwimmwestenpflicht gilt für den gesamten Gardasee, aber Kontrollen finden vorwiegend im Trentino statt. Das Bußgeld ist saftig: rund 180 Euro.

32 Surfen in Torbole

Pelèr und Ora pusten täglich zur gleichen Zeit die Surfer bei Torbole über den See

Was sich wie eine Fremdsprache liest – »One-handed Shaka«, »Chop Hop« oder »Grubby« – , ist das Surfer-Einmaleins, das jährlich Tausende am Lago entweder lernen oder praktizieren wollen. Obwohl Hawaii ganz oben auf der Hitliste der Surfer steht, kommen sie beim Gedanken an den Gardasee ins Schwärmen: Er gilt als das windsicherste Binnengewässer in Europa. »Die Winde sind jeden Tag in etwa gleich. Das ist auch das Besondere am Gardasee«, erklärt Vasco Renna. Der jung gebliebene 55-Jährige steht schon seit 1975 auf einem Surfbrett und sorgt für Furore – erst als Sportler und später, seit mittlerweile über 30 Jahren, mit seiner gleichnamigen Surfschule in Torbole.

Ab in die Düse

»Bis ungefähr elf Uhr bläst der Pelèr aus dem Norden, und gegen Mittag setzt dann der Südwind ein, die berühmte Ora. Weil sich der Gardasee

- **Karte:** AE I/2
- **Anbieter:** »Surfcenter Vasco Renna«, Parco Pavese, Torbole sul Garda, Tel. 00 39/04 64/50 59 93
- **Wo:** Im Zentrum von Torbole in einem Park am Strand
- **Wann:** April–Okt.
- **Wie viel:** Individuelles Kursprogramm. Schnupperkurs 62 €, 3-Tages-Kurs 189 €; Brettmietsystem »Pool Board« (Brett und Segel nach Belieben austauschbar); Spezialangebote und Abonnements sowie Kinder- und Frauenkurse
- **Essen & Trinken:** Kiosk am Strand oder Szenetreff »Winds Bar«, Via Matteotti 9, Torbole, Tel. 00 39/04 64/50 52 32
- **Web:** www.vascorenna.com; www.shaka.it
- **Sonstiges:** Leichte Wanderung oder Radtour zu den »Marmitte dei Giganti« (eiszeitliche Gletschertöpfe) mit Klettermöglichkeit an den Steilwänden

nach Norden hin verengt, wird die warme Luft durch das enge Tal wie in einer Düse gepresst und gewinnt dadurch an Geschwindigkeit. Das ist ideal für das Surfen«.

Der Windsurftrend kam Anfang der 1980er-Jahre aus Amerika herüber.

»Torbole galt damals noch nicht als Touristendestination. Dafür war der Wind zu stark«, erzählt Mikel Slijk, der Freestyle-Weltmeister von 1984.Aber genau diesen starken Wind brauchen die Stehsegler, wie der Surfsport damals noch hieß.

Torbole – der Surfertreff

Der 50-jährige Holländer Mikel lebt seit 1985 in Torbole. Er leitet seit Jahren eine Surfschule – und in seinem Shop »Shaka« wird jeder fündig, egal ob er eine coole Klamotte sucht oder ein neues Brett. Und wo trifft sich die Szene in Torbole? Wer es ruhiger mag, geht in in die Surferbar »Moby Dick«. Wer sehen und gesehen werden will, kommt an der »Wind's Bar« nicht vorbei. Mikel freut sich schon, mit alten Bekannten dort ein Bier zu trinken. Denn: Die Surfer kommen alle wieder.

33 Wandern auf den Monte Altissimo

Panoramablicke und seltene Flora auf dem Weg zum Rifugio Damiano Chiesa

Hüttenwirt Danny Zampiccoli vom »Rifugio Damiano Chiesa« auf dem Monte Altissimo hat stets ein Lächeln auf den Lippen. »Basso ma bello« lautet sein Motto, was so viel heißt wie »klein, aber oho«. Von sich selbst behauptet Danny, dass er »der kleinste Bergführer der Welt« ist – und lacht laut. Seine Körpergröße dämpft aber keineswegs seinen Tatendrang und Ideenreichtum. Wer Dannys Rifugio besucht, erlebt immer irgendetwas Neues – zum Beispiel neue Köstlichkeiten aus der Hüttenküche: »Unser Koch verwendet Kräuter und Pflanzen vom Monte Baldo«, erzählt er stolz.

Der Altissimo (1823 m) gehört zu den vier wichtigen Gipfeln der Monte-Baldo-Gruppe, dem größten und höchsten Bergmassiv am Gardasee. Da die Kuppe des Monte Baldo wäh-

rend der Eiszeit aus dem ihn umgebenden Gletschermeer herausragte, wächst auf seinen Hängen eine ganz besondere Flora. Botaniker haben hier über 600 Pflanzenarten katalogisiert, darunter viele endemische Raritäten. »Diese Blumen tragen die Bezeichnung ›baldensis‹, da sie nur hier wachsen«, erklärt Danny.

Das Rifugio liegt wenige Meter unter dem Gipfel des Altissimo und strahlt eine besondere Atmosphäre von Ruhe, friedlichem Beisammensein, Freundschaft und Herzlichkeit aus. Man hört bei Danny immer irgendjemanden lachen. Tipp: Auch im Winter kann man mit Schneeschuhen oder Tourenskiern wunderschöne Ausflüge zum Rifugio unternehmen.

- **Karte:** AE 1/2
- **Wo:** Nach dem Ort Nago Beschilderung »Strada del Monte Baldo« bis zur Straßensperre. Zu Fuß weiter auf Weg Nr. 601. Achtung: eingeschränkte Parkmöglichkeit!
- **Wann:** Beste Wanderzeit Mai–Nov.
- **Essen & Trinken:** »Rifugio Altissimo Damiano Chiesa«, Mai–Nov. tägl., Dez.–April Sa/So/Fei; in der Küche ausschl. Produkte der Monte-Baldo-Region; Tel. 00 39/04 64/86 71 30
- **Web:** www.rifugioaltissimo.it
- **Sonstiges:** Von Mai–Sept. Veranstaltungen im »Rifugio Altissimo«, u. a. Vollmondwanderung, Themenabendessen (nur mit Voranmeldung!)

34 Wandern auf dem Monte Baldo

Begegnung mit **einzigartigen Pflanzen** auf dem **höchsten Berg am See**

Wer in Malcésine mit der Seilbahn auf den Monte Baldo fährt, sieht mit ein bisschen Glück den Seilbahnmitarbeiter Fabio Maran – immer gut gelaunt und immer hilfsbereit. Seit 19 Jahren ist er für die Seilbahn »Funivia Malcésine Monte Baldo« tätig. »Ich habe einen der schönsten Arbeitsplätze der Welt und bin jeden Tag froh, nicht in einer Fabrik mein Geld verdienen zu müssen«. Fabio Maran kennt sich aber nicht nur bestens mit den technischen Daten der Seilbahn aus, sondern gibt als Bergfex und Paraglider gern auch Wandertipps. »Eine wirklich schöne Tour ist der Sentiero del Ventrar, auch wenn er nicht ganz leicht und streckenweise mit Seilen abgesichert ist«, verrät er. »Es lohnt sich. Die Aussicht ist unglaublich.«

Ein Blick für seltene Gewächse

Umwerfende Panoramen genießen Besucher von vielen Stellen aus. Doch sollte man bei allem Weitblick den Blick fürs Detail nicht verlieren, denn dort oben gedeihen ganz außergewöhnliche Pflanzen. »Da der Gipfel des Monte Baldo in der Eiszeit über die Gletscher hinausragte, hat sich hier eine Flora erhalten, die es sonst nirgendwo gibt«, erzählt Fabio. So blühen auf den Hängen zum Beispiel von März bis August

- **Karte:** AE 3
- **Wo:** Schöne, schwere Rundtour (4 Std., 700 Höhenmeter). Höhenweg »Alta Via Monte Baldo« (Weg Nr. 651) Richtung Norden bis »Sentiero del Ventrar« (Weg Nr. 3). Über die Ebene »Malga La Prada« auf Weg Nr. 3 bis Almpfad Nr. 11 zur Bar »Prai«, von dort zurück zur Seilbahn
- **Anbieter:** Seilbahn »Funivia Malcésine Monte Baldo«, Via Navene Vecchia 12, Malcésine, Tel. 0039/045/7400206
- **Wann:** Berg- und Talfahrt alle 30 Min., 15. April–15. Sept. 8–19, Okt.–Febr. 8–17 Uhr; Nov. und März geschl.
- **Wie viel:** 10 €, erm. 15 €; Kinder (bis 18 J.) 8 €
- **Essen & Trinken:** »Cime del Baldo« in der Seilbahnstation, Tel. 0039/045/6584283; Bewirtschaftung der Bar »Prai« unsicher
- **Web:** www.funiviedelbaldo.it; www.cimedelbaldo.it

über 60 Orchideenarten. Die Westseite des Monte Baldo steht unter Naturschutz – und weiter südwärts wachsen im alpinen botanischen Garten in Ferrara di Monte Baldo auf 1200 Höhenmetern rund 700 einheimische Pflanzenarten (www.ortobotanicomontebaldo.org). Nicht nur für Botaniker ist es ein Vergnügen, die Bergflora zu erkunden.

35

Paragliden in Malcésine

Frei wie ein Vogel

»Wir fliegen zu jeder Jahreszeit, wenn das Wetter stimmt«, meint Alessio von »Fly 2 Fun« in Malcésine. Der Verein organisiert Tandemflüge mit Startplatz am Monte Baldo. »Selbst im Winter ist das Fliegen ein besonderes Erlebnis, denn die Luft ist dann im Gegensatz zu den thermischen Flügen im Sommer absolut ruhig.« Der Fluglehrer und Tandempilot ist in den Bergen zu Hause, und seine Liebe gilt dem Fliegen. Am liebsten zieht er seine Kreise hoch über dem Gardasee: »1760 Höhenmeter überwindet der Flug vom Monte Baldo und bietet eine spektakuläre Kulisse: den Lago, die Gipfel der Brenta, die schneebedeckten Kuppen der Adamello-Presanella-Gruppe und den flachen Süden.«

- **Karte:** AE 3
- **Wo:** Startplatz unterhalb der Monte-Baldo-Seilbahn; Landeplatz bei Malcésine auf einer Wiese
- **Anbieter:** »Paragliding Club Malcésine«, Via Gardesana 228, c/o Hotel Ideal, Malcésine, Tel. 00 39/335/6 11 29 02; »Flugschule Fly 2 Fun«, Tel. 00 39/334/9 46 97 57
- **Wann:** Ganzjährig
- **Wie viel:** Tandemflug ab 130 €
- **Essen & Trinken:** »Speckstube«, Località Molini di Cal 1, Malcésine
- **Web:** www.funiviedelbaldo.it; www.paraglidingmalcesine.it; www.tandemparagliding.eu; www.speckstube.com
- **Sonstiges:** Paraglidertreff »Xtreme Bar«, Via Navene Vecchia 10, Malcésine

36 Skaligerburg

Die **Burg** in **Malcésine** birgt **Schätze** aus **vergangener Zeit**

Ein Schmuckstück am Ostufer des Lago ist die Skaligerburg von Malcésine. Mit ihren Schwalbenschwanz-Zinnen und dem 31 m hohen Turm thront sie auf einem steil aufragenden Felsen über dem Ufer. Zu ihren Füßen breitet sich die mittelalterliche Altstadt von Malcésine mit engen Gassen und Geschäften aus.

Einer der Säle der Burg, die von den Österreichern eingerichtete »Pulverkammer«, ist Goethe gewidmet. Der 37-jährige Dichter logierte auf seiner Italienreise 1786 unter dem Pseudonym »Filippo Miller« als deutscher Maler in Malcésine. Dort wäre er beinahe als Spion verhaftet worden, weil er Zeichnungen der Burg angefertigt hatte. Diese sind heute im »Goethezimmer« zu sehen. Außerdem befindet sich auf der Burg ein naturgeschichtliches Museum.

- **Karte:** AE 3
- **Wo:** Von der Altstadt aus gut zu Fuß erreichbar
- **Wann:** Mai–Sept. 9.30–19.30 Uhr; sonst verkürzte Öffnungszeiten
- **Wie viel:** 6 €, erm. 4 €; Kinder (6–13 J.) 2 €
- **Essen & Trinken:** »Trattoria Vecchia Malcésine«, Via Pisort 6, Malcésine, Tel. 00 39/045/7 40 04 69 (unbedingt reservieren!)
- **Web:** www.vecchiamalcesine.com; www.malcesinepiu.it

37

- **Karte:** AE 3
- **Wo:** Alpinski: Tratto Spino, Brentonico-Hochebene. Langlaufen: Val Concei; Località Chinaec (Straße zum Rifugio »Al Faggio«)
- **Anbieter:** Skischule Malcésine, Tel. 00 39/ 347/7 32 63 47; Skischule Monte Baldo (Brentonico), Tel. 00 39/04 64/86 70 70; San Valentino, Tel. 00 39/04 64/39 15 06
- **Web:** www.funiviedel baldo.it; www. brentonicoski.com; www.scuolascisanvalen tino.it; www.valledi ledro.com/inverno
- **Sonstiges:** Langlaufen im Nordwesten (Val di Ledro), Fremdenverkehrsamt Ledro, Tel. 00 39/04 64/59 12 22

Skifahren

Wintersport am Monte Baldo

Ob Skifahren oder Langlaufen – auf den Bergen rund um den Lago toben sich Winterfans aus. Allerdings gibt es weder auf dem Monte Baldo (inkl. La Polsa, San Valentino) noch im Val di Ledro im Nordwesten des Sees Kunstschneeanlagen. Sind die Schneeverhältnisse gut, dann locken auf dem »Tratto Spino« 11 km präparierte Pisten und vier Lifte, auf der Brentonico-Hochebene 45 km Pisten und 20 km Loipen.
Im Nordwesten des Gardasees, im Val Concei, einem Nebental des Val di Ledro, präpariert der »Sci Club Ledrense« die Loipen (Tel. 00 39/ 329/8 18 88 42).

38 Kitesurfen in Brenzone

Extreme Action mit **Wind** und **Wellen** – mit dem **Drachen** übers Wasser **fliegen**

Seine Windbeständigkeit macht den Gardasee auch für Kitesurfer zu einem optimalen Revier. Schon bei geringen Windstärken erreichen die Kiter hohe Geschwindigkeiten und vollführen extreme Sprünge, die manchmal sogar ans Fliegen erinnern. Allerdings ist das Kitesurfen nicht überall erlaubt – und wenn, nur in ausgeschriebenen Zonen. Im Trentino, dem nördlichsten Abschnitt des Sees, ist der Trendsport stark eingeschränkt, und es gelten strenge Regeln. Weitere Möglichkeiten gibt es weiter südlich, zum Beispiel in Limone.

- **Karte:** AD 4
- **Wo:** »Waterproofworld«, Piazza Ferrari 1, Brenzone, Tel. 00 39/348/26 19 38. Im Hafen von Brenzone
- **Wann:** Frühjahr bis Herbst
- **Wie viel:** Kitesurfkurs für Anfänger (4 Tage): 339 €
- **Essen & Trinken:** »Café Matisse« in der Anlage, Piazza Ferrari 1, Brenzone, Tel. 00 39/045/7 42 01 44 (Biopizza mit Kamutmehl)
- **Web:** www.waterproofworld.eu; www.clubdabaia.com; www.brenzone.it

39 Kletterpark

Abenteuer in San Zeno di Montagna

Welcher große oder kleine Abenteurer kennt die glorreichen Taten von Robin Hood im Sherwood Forest nicht? Wer hat noch nie davon geträumt, sich wie Tarzan und Jane an einer Liane durch den Urwald zu schwingen? Diese Träume werden wahr im Abenteuer- und Kletterpark »Jungle Adventure« am Südhang des Monte Baldo. Mitten im Grünen toben sich die abenteuerlustigen Besucher gut gesichert auf insgesamt fünf unterschiedlich schweren Touren aus. Selbst für die Kleinsten ab drei Jahren gibt es einen entsprechenden Parcours. Etwas ruhiger geht es auf dem Lehr- oder Trimm-dich-Pfad im Wald zu.

- **Karte:** AC/AD 5
- **Wo:** »Jungle Adventure«, Strada per Lumini, Pineta Sperane, San Zeno di Montagna
- **Wann:** Ende März–Ende April, Mitte Sept.–Ende Okt. Sa/So 10–18, Mai–Mitte Sept. tägl. 10–19 Uhr
- **Wie viel:** Preise variieren nach Schwierigkeitsgrad: Kinderroute 8 €, leichte Erwachsenenroute 15 €
- **Essen & Trinken:** »Jungle Bar« in der Anlage
- **Web:** www.jungleadventurepark.com

40 Kochkurs

Chefkoch Andrea Messini weiht in Torri del Benaco Interessierte in seine Kunst ein

Wollten Sie schon immer mal wissen, wie man Pasta frisch zubereitet oder gar Tortellini füllt? Wie man in Italien einen Risotto mit Trüffeln oder eine köstliche Minestrone kocht? Dann belegen Sie doch bei Chefkoch Andrea Messini vom Ristorante »Le Gemme di Artemisia« in Torri del Benaco einen Kochkurs.

Andreas Speisekarte besticht durch Kreativität, Schlichtheit und Eleganz. Mit viel Liebe und Hingabe führt er seine Schüler in die Geheimnisse der italienischen und vor allem seiner eigenen Küche ein, plaudert aus dem Nähkästchen und beantwortet geduldig Frage. Nach der Arbeit in der Küche kommt der beste Teil der Veranstaltung: Alle Speisen werden mit Blick auf den Gardasee verkostet. »Weil viele Gäste wiederkommen, haben wir extra Angebote für Anfänger und Fortgeschrittene«, erklärt Ehefrau Lara Pedrotti. Die Kurse werden auf Anfrage ab zwei bis sechs Personen organisiert und finden am Vormittag statt. Tipp: Nach dem Kurs zu den Felszeichnungen am Monte Luppia wandern.

- **Karte:** AC 5
- **Anbieter:** Ristorante »Le Gemme di Artemisia«, Via Corrubio 18, Torri del Benaco/Albisano, Tel. 00 39/04 57/22 57 64; Kochkurse für 2–6 Pers., auf Anfrage
- **Wo:** Am Platz von Albisano rechts, Eingang Tor Nr. 20
- **Wann:** März–Nov., vormittags; Dez.–Febr. geschl.
- **Wie viel:** Basis-Kochkurs 95 €/Pers.
- **Web:** www.legemmediartemisia.it

41 Klettern

Marciaga – der Fels für Genießer

Hoch über Garda ragen raue Felsbänder aus den Wiesen und Wäldern. Insider kennen dieses kleine Juwel, das in der Nähe des 50-Seelen-Weilers Marciaga liegt, eingebettet in die Hänge des Monte Baldo. Sabrina aus Dro im Sarcatal schaut den Fels hinauf: »Marciaga ist ein schönes Gebiet mit vielen leichten Klettertouren und nicht so überlaufen wie manche Gebiete im Norden.« Kein Wunder, dass sie ihrem neuen Schwarm hier das Klettern beibringen möchte. Der Klettergarten ist nach Südosten ausgerichtet und in sechs Sektoren aufgeteilt, wobei die ersten stärker frequentiert werden und beliebte Routen schon leicht »abgespeckt« sind. »Es lohnt sich, etwas weiter raufzulaufen«, rät Bergführer Davide Crescenzo aus Verona, der hier gern mit Anfängergruppen übt. Marciaga hat noch ein Plus: Ist es im Sommer richtig heiß, spenden Bäume angenehmen Schatten, und ein Lüftchen trocknet den Schweiß. Außerdem verbringen auch Kinder, die nicht klettern, hier abwechslungsreiche und vor allem ungefährliche Stunden.

- **Karte:** AC/AD 5/6
- **Wo:** Von Marciaga aus zum Golfplatz, an der Kapelle parken; zu Fuß Pfad zu den Felsen folgen. Geführte Touren bei Davide Crescenzio von »Xadventure«, Tel. 00 39/348/1 46 37 00
- **Wann:** Ganzjährig
- **Wie viel:** Auf Anfrage
- **Essen & Trinken:** Trattoria »Al Graspo«, Piazzetta Calderini 12, Garda
- **Web:** www.xmountain.it; www.graspo.it; www.arcowall.com

42 Angeln

Spots locken rund um den See – in Garda kann man frischen Fisch auch kaufen

Fast jeder Angler hat die Gardasee-Forelle *(Carpione)*, schon mal auf dem Teller gehabt. Am Haken allerdings hängt der Fisch, der nur im Lago vorkommt, eher selten. Leckere Alternativen sind Hecht, Barsch oder Karpfen. Am und um den Lago variieren die Angelvorschriften stark. Überall braucht man einen Angelschein für Urlauber, der bei den Gemeinden erhältlich ist, sowie zwei Stempelmarken, die es auf Postämtern und in Tabakläden gibt.

- **Karte:** AC 6
- **Wo:** Angeln überall erlaubt; zum Fischen Angelschein mit Stempelmarken sowie Quittung und Personalausweis mitnehmen!
- **Essen & Trinken:** »Locanda San Vigilio« (edel), Punta San Vigilio, Garda, Tel. 00 39/045/7 25 66 88 (unbedingt reservieren!)
- **Web:** www.locanda-sanvigilio.it; www.coopgarda.it
- **Sonstiges:** Fischverkauf in der »Cooperativa Agricola fra pescatori Garda«, 6.30–12.30 Uhr

43 Segeln auf dem Ketch

Kapitän Giarbini kreuzt von Bardolino aus auf der San Nicolò über den See

»Am allerschönsten ist es, wenn die Gischt ins Gesicht spritzt und die Planken aufs Wasser knallen«,

schwärmt Aldo Giarbini. Er ist seit 40 Jahren Kapitän. Doch um sich wie ein Seewolf zu fühlen, muss er nicht die Weite des Ozeans spüren. Er ist auf dem Gardasee zu Hause. »Seit über 26 Jahren führe ich das Kommando auf der San Nicolò, dem ältesten Segelschiff des Gardasees.« Stolz schwingt in seiner Stimme mit. Die San Nicolò ist nicht irgendein Segelschiff, sondern ein historischer Ketch, ein Fischerboot mit zwei Masten aus der Mitte des 19. Jhs. Gemeinsam mit Kapitän Aldo Giarbini genießen Urlauber mit Sinn für Segelromantik auf den organisierten Ausflügen modernen Komfort und nostalgisches Flair.

- **Karte:** AC 6
- **Wo:** »Ketch San Nicolò«, Hafen von Bardolino, buchbar über »Europlan Reservation Service«, Via Mirabello 15, Bardolino, Tel. 00 39/045/6 20 94 44
- **Wann:** Tägl. 8.30 und 14 Uhr ab Bardolino
- **Wie viel:** Erwachsene 31 €, Kinder 15,50 €
- **Essen & Trinken:** Mittagessen und Getränke inkl.
- **Web:** www.europlan.it

44

- **Karte:** AC 6
- **Wo:** »Parasailing & Water Ski Center«, c/o Camping Serenella, Bardolino, Tel. 00 39/045/7 21 13 33
- **Wann:** Mai–Sept.
- **Wie viel:** Einzelflug (ca. 10 Min.) 50 €, Doppelflug (ca. 10 Min.) 80 €
- **Essen & Trinken:** Bar an der Wassersportschule; Campingplatz-Restaurant
- **Web:** www.waterskigardalake.com; www.parasailing.it; www.laconchigliabardolino.com; www.bardolinotop.it

Parasailing in Bardolino

Fliegen am Schirm

Immer schneller wird das Boot und immer weiter die Leine rausgelassen. Am Ende der Leine zappelt kein Fisch, sondern es hängen dort juchzende Urlauber, die von einem bunten Fallschirm immer höher in die Lüfte getragen werden. Parasailing heißt diese Funsportart, die auch Ungeübte genießen können. In fast 150 m Höhe gleiten die abenteuerlustigen Urlauber am Schirm hinter einem Motorboot her und genießen von oben eine atemberaubende Sicht auf die Seelandschaft. Und wie bekommt man wieder Boden unter die Füße? Langsam wird die Leine eingeholt, und die Urlauber landen sachte und mit leuchtenden Augen auf der Plattform. »Spaß auf dem Wasser« ist das Motto aller Aktivitäten, die Hubert Planatscher im »Water Ski Center« in Bardolino anbietet. Neben Parasailing kann man auch Wasserskifahren, Wakeboarden und Wasserspaß auf der Banane oder im Reifen ausprobieren.

45 Villen und Parks in Bardolino

Herrschaftliche Anwesen und **stilvolle Kulisse** – Orte zum **Träumen**

Wer denkt beim Klang des Wortes »Bardolino« nicht automatisch an den leichten, spritzigen Rotwein? Oder an den Trubel auf der Uferpromenade, an quirlige Einkaufsgassen mit Geschäften, die bis Mitternacht geöffnet sind? »Das gehört zu Bardolino natürlich dazu«, sagt Pino Conte. Der 46-Jährige ist nicht einfach nur Pizzabäcker und Inhaber der Pizzeria »La Conchiglia«, sondern zweifacher Olympiameister im Pizzabacken. »Bardolino hat eine wunderbare Altstadt mit vielen Sehenswürdigkeiten. Leider habe ich ganz selten Zeit, diese Schätze zu würdigen«, bedauert der fleißige Pizzabäcker.

Tatsächlich hat Bardolino auch ein aristokratisches und herrschaftliches Gesicht. Mitten in der Altstadt liegt die majestätische »Villa Guerrieri Rizzardi« mit zinnenbekrönter Fassade und einer gepflegten Parkanlage. Das Anwesen wurde

auf dem Grundstück mittelalterlicher Patrizierhäuser erbaut und im 19. Jh. restauriert. Heute dient die Anlage gern als edle Location für ausgefallene Veranstaltungen. Auf Anfrage können angemeldete Gruppen übrigens hier die weltberühmten Kellereiprodukte aus dem Hause Guerrieri Rizzardi verköstigen.

Mit Blick in die Zukunft

»Viele alte Villen versprühen nicht nur den Charme von einst, sondern sie haben heute eine neue Funktion als repräsentative Orte für Firmen- oder Kulturevents und offizielle Anlässe«, erläutert Pino Conte. So auch die »Villa Carrara Bottagisio« auf der Uferpromenade mit ihrem Park und der Bibliothek, die gleich neben der gelblichen »Villa delle Magnolie« und der »Villa delle Rose« liegt (beide in Privatbesitz).

Im Hinterland gibt es viele herrschaftliche Sommersitze. Eine Rundfahrt lohnt sich, zum Beispiel nach Castion di Costermano zur »Villa Pellegrini Cipolla« (Besuchstermin anfragen). Sie ist ein Juwel mit Gartenanlage und wurde 1760 im klassizistischen Stil mit Anklängen ans Rokoko errichtet. Seit einiger Zeit sind Villa und Park Schauplatz von Kulturveranstaltungen, Konzerten, Galadiners und Modeschauen.

- **Karte:** AC 6
- **Wo:** »Villa Guerrieri Rizzardi«, Loc. Pojega, Negrar, Tel. 00 39/347/3 12 14 66; »Villa Pellegrini Cipolla«, Piazza Vittorio Veneto 21, Castion di Costermano, Tel. 00 39/320/4 96 06 01
- **Wann/Wie viel:** »Villa Guerrieri Rizzardi«: April–Okt.; Besichtigung Park, Villa und Garten 8 € (auf Anfrage); »Villa Pellegrini Cipolla«: ganzjährig (nur auf Anfrage!)
- **Essen & Trinken:** Beim Weltmeister im Pizzabacken: »La Conchiglia«, Via Borgo Garibaldi 19, Bardolino, Tel. 00 39/045/7 21 06 03
- **Web:** www.villarizzardi.it; www.pojega.it; www.villapellegrinicipolla.it; www.laconchigliabardolino.com

46 Wasserfallpark in Molina

Auf naturbelassenen **Pfaden** an **Kaskaden** und **mäandernden Bächen** entlang

Sie möchten dem Gardaseerummel entfliehen und ein paar Stunden in Ruhe im Grünen verbringen? Sie lieben Naturschauspiele und wandern gern? Dann sollten Sie den naturbelassenen »Parco delle Cascate« in Molina besuchen, einen weitläufigen, über 80 000 qm großen Wasserfallpark nördlich von Verona. Bäche, Wasserstufen, Gumpen und Wasserfälle wechseln sich ab. Der Weg führt mal direkt am Wasser entlang, an Höhlen vorbei, durch einen Bach oder über kleine Brücken und sogar hinter einem Wasserfall hindurch. Im Park sind drei unterschiedliche Rundgänge angelegt.

Der Ort Molina selbst ist ein ruhiges und wenig touristisches Bergdorf. Dort gibt es noch einige alte Wassermühlen mit Werkstätten zu besichtigen, ein botanisches Museum sowie eine Alm zur Käseherstellung.

Mein Tipp: Nehmen Sie für Kinder unbedingt Handtücher und Wechselklamotten mit!

- **Karte:** AE/AF 5
- **Wo:** »Parco delle Cascate di Molina«, Via Bacilieri 1, Molina di Fumane. Auf der Schnellstraße Richtung Verona bis Abzweigung Peri, dann Richtung Breonio/Molina; von Süden aus A4 bei »Verona Nord« verlassen. Auf der Schnellstraße bis San Pietro Incariano. Ab hier Beschilderung folgen
- **Wann:** April–Sept. 9–19.30, März und Okt. 10–18 Uhr
- **Wie viel:** 5 €; Kinder (6–11 J.) 3 €
- **Essen & Trinken:** Trattoria »Du Scalini«, Via Bacilieri 9, Molina di Fumane
- **Web:** www.parcodellecascate.it; www.prolocomolina.beepworld.it; www.duscalini.it

47 »Caneva Aquapark« in Lazise

Anaconda, Typhoon und Water Jump – **Spaßrutschen** auf hohem Niveau

Hier spritzt es, dort platscht es! Überall wird man nass, und überall wird gelacht oder vor Freude gejuchzt. Egal ob auf dem »Adventure Island« oder im Piratenschiff der »Baby Lagoon«, ob auf dem »Water Jump« (Rohrrutsche mit Schanze) oder auf der »Stuka«, der 100 m langen Riesenrutsche: Wasserspaß, Abenteuer und Adrenalin begleiten alle Besucher des »Caneva Aquapark«, einem der größten Wasserparks in Italien. Hier ist so viel geboten, dass man gleich noch einen weiteren Besuch einplanen kann.

- **Karte:** AD 7
- **Wo:** »Caneva Aquapark«, Località Fossalta 58, Lazise, Tel. 00 39/045/96 99 00
- **Wann:** 25. April–15. Sept. tägl. 10–18 Uhr
- **Wie viel:** 25 €; Kinder (bis 140 cm) 19 €
- **Essen & Trinken:** Im Park Restaurant »Rodeo Grill« und »Rock Star« (gut, preiswert); Ristorante/ Trattoria »La Rama«, Località Colombare 4, Lazise, Tel. 00 39/0 45/7 58 03 67
- **Web:** www.canevaworld.it; www.aquaparadise.it; www.movieland.it; www.larama.it

48 Thermalsee der Villa Cedri bei Lazise

Im Schatten uralter Bäume in **30 °C warmem Heilwasser** plantschen

»Papi, guck mal!« – die kleine Anna weiß gar nicht, wo sie zuerst hinschauen soll. Aus der Mitte des grünblauen Sees sprüht eine Fontäne weit in den Himmel hinauf. Ein kleiner Wasserfall plätschert vor einer Grotte, und »Badeinselchen« im See laden zum Verweilen ein. Anna rennt über eine Holzbrücke und lässt sich ins warme Wasser plumpsen, während ihre Eltern die Handtücher unter jahrhundertealten Buchen ausbreiten.

Ein märchenhafter Park

Die Therme von Colà mit der Villa Cedri liegt inmitten einer saftig grünen Parkanlage, in der mächtige Zedern, Steineichen und Tannen stehen und Magnolien und andere

- **Karte:** AD 7
- **Wo:** »Terme di Colà«, Villa Cedri, Via Madonna 23, Colà di Lazise, Tel. 00 39/045/7 59 09 88
- **Wann:** Ganzjährig, Mo–Do 9–21, Fr/Sa 9–2 morgens, So/Fei 9–23 Uhr
- **Wie viel:** Erwachsene 24 €, Kinder (120–150 cm) 15 €, bis 120 cm frei
- **Essen & Trinken:** Selbstbedienungsrestaurant in der Anlage
- **Web:** www.villadeicedri.it
- **Sonstiges:** Wellnesszentrum in der Anlage mit Sauna, Dampfbad und kosmetischen Anwendungen (Eintritt nur für Gäste des Thermalbads)

mediterrane Gewächse gedeihen. Das beeindruckende Anwesen im Park wurde nach Art der napoleonischen Villen im ausgehenden 18. Jh. errichtet. Mit zur Anlage gehören auch die aus dem 14. Jh. stammende »Villa Moscardo« mit Gästehäusern und Stallungen aus dem 14. und 15. Jh., ein Gewächshaus aus der zweiten Hälfte des 19. Jh. sowie drei Pförtnerhäuser, von denen das Haupthaus in verspieltem neugotischem Stil erbaut wurde.

Erholung im heilenden Wasser

Die Bauten befinden sich in einer insgesamt 13 ha großen Parkanlage, in der auch der rund 5000 qm große See liegt. Erst vor knapp 25 Jahren hat man das Thermalwasser entdeckt. Es war purer Zufall, denn ursprünglich war man auf der Suche nach Grundwasser, um die Parkanlage zu bewässern. Wo See und Grotte einst als Zierelemente lediglich das Auge entzückten, dienen sie heute dem ganzen körperlichen Wohlbefinden. Erholungssuchende genießen das idyllische Ambiente im Park, tummeln sich im 30 °C warmen Wasser und lassen sich den Wasserstrahl zwischen die Schulterblätter prasseln. Hydromassagedüsen und Becken mit wärmerem Wasser ergänzen das Angebot. Das Beste: Diese Vorzüge kann man das ganze Jahr über, sogar am Abend mit Seebeleuchtung, genießen. Das Wasser der Thermalquelle der Villa Cedri hat eine wohltuende, beruhigende sowie entzündungshemmende Wirkung und gilt als sehr hilfreich bei der Vorbeugung und Behandlung zahlreicher Hauterkrankungen.

Papa Domenico sieht aber vor allem einen anderen großen Vorteil: »Die Therme ist für Familien mit Kindern eine Alternative zum Lago, wenn die Tage zwar schon warm, aber der See zum Baden noch zu kalt ist.«

Ein Tipp: Nehmen Sie am besten eine Brotzeit mit, denn die Snacks im Restaurant in der Anlage sind teuer.

49 Safaripark Bussolengo

Die Besucher gehen hier mit **wilden Tieren** fast auf **Tuchfühlung**

»Der Tiger kommt« – fünf Kinder kreischen, reißen die Augen auf und machen unsicher ein paar Schritte zurück. »Da ist noch einer.« Tatsächlich pirscht sich eine zweite Großkatze an. Emil nimmt die Hand seiner Mama. Und dann ist es wie im Film: Beide Tiger werfen den Kindern einen kurzen, grimmigen Blick zu, fletschen die Zähne und gehen aufeinander los. Die Kinder johlen, die Mütter schmunzeln – so etwas haben sie noch nie gesehen. Im Park stehen die Zuschauer quasi mitten im Geschehen, lediglich eine riesengroße Glasscheibe trennt sie von den Raubtieren im naturbelassenen Dschungelgehege.

Ganz nah beobachten

Der Park in Bussolengo geht auf eine Privatinitiative des Architekten Alberto Avesani zurück, der in den 1960er-Jahren einen Teil seines Landwirtschaftsbetriebs in eine Art Privatzoo für einheimische Tiere verwandelte. Das Projekt wurde dann erweitert und 1969 der »Parco Natura Viva-Safari Park« eröffnet. Heute leben im Park über 180 verschiedene Tierarten aus fünf Kontinenten, darunter Tiger, Giraffen, Löwen aber auch Affen, Kamele, Papageien und Pandabären. Die Anlage ist aufgeteilt in den Safaripark, den man mit dem Auto durchfahren kann, und den klassischen Tierpark mit Vogelhaus und Aquarium.

Gepflegte Parkanlage

Veronika aus Mori bei Rovereto hat den Park in ihrer Heimatregion erst jetzt für sich entdeckt und ist vollauf begeistert: »Der Tierpark ist liebevoll gepflegt, die Tiere haben schöne große Gehege und richtig Auslauf.« Wovon Veronika bislang auch noch nicht wusste, ist der neue Dinosaurierpark auf dem Gelände, in dem seit dem Jahr 2010 urzeitliche Riesenechsen sehr naturgetreu in ungebändigter Natur nachgestellt sind. »Da vorn ist der, ... der T-Rex«, schreit der kleine Camillo atemlos. Tundra hat ein wenig Angst und weicht zurück. »Die sind doch gar nicht echt«, beruhigt Emil sie und nimmt ihre Hand.

- **Karte:** AD8
- **Wo:** »Parco Natura Viva-Safari Park«, Località Figara 40, Bussolengo, Tel. 0039/045/7170113. Von A22 bei Ausfahrt »Affi« Beschilderung folgen. Ab Lazise auf Strada Provinciale 5, kurz vor der Autobahn rechts in Strada Provinciale 27 abbiegen
- **Wann:** März–Dez. 9–18 Uhr; Safari (mit Auto) 10–14 Uhr (bei schlechtem Wetter schließt der Park früher)
- **Wie viel:** Erwachsene 20 €, Kinder (3–12 J.) 15 €; Familienermäßigung nur im Juli; geführte Touren
- **Essen & Trinken:** Picknickplätze mit Kiosken, Bars und Restaurant im Park
- **Web:** www.parconaturaviva.it

50 Wakeboarden bei Lazise

Von Motorbooten gezogen mit 30 km/h über den See brettern

- **Karte:** AC 7
- **Wo:** »Gardawake« c/o »Camping Du Parc«, Via Gardesana 110, Lazise, Tel. 0039/349/4076004
- **Wann:** Mai–Ende Sept. tägl. 9–19 Uhr
- **Wie viel:** 1 Set/15 Min. 40 €
- **Essen & Trinken:** Szenetreff »Gem's Brew Pub«, Via Praleor 25, Lazise; »La Pacheca«, Via Gardesana 52, Lazise
- **Web:** www.gardawake.com; www.gemsbrewpub.it; www.caffepaparazzi.it

Der Anfang ist nicht gerade leicht, doch das Gefühl, über das Wasser zu gleiten, berauscht. Die Rede ist vom Wakeboarden, dem Sport, der einst von ungeduldigen Surfern erfunden wurde. »Wir haben hier nur amerikanische Boote, die eine fantastische Welle erzeugen«, sagt Patrick Planatscher, »denn diese Welle brauchen Wakeboarder für ihre Tricks.« Der gebürtige Südtiroler betreibt seit zehn Jahren die Wassersportschule »Gardawake« in Lazise und bietet Funsport-Aktivitäten für Gäste ab fünf Jahren an.

51 Sea Life

Unterwasserzauber in **Castelnuovo**

- **Karte:** AD 8
- **Wo:** »SEA-LIFE-Aquarium«, Via Derna 4, Castelnuovo del Garda, Tel. 00 39/045/644 97 77
- **Wann:** Mo–Fr 10–18 Uhr; im Winter Mo–Fr 10–16, Sa/So 10–18 Uhr
- **Wie viel:** Kleinkinder und Behinderte frei; Kinder (bis 10 J.) und Senioren 9,50 €; Erwachsene 15 €; Familientarife!
- **Essen & Trinken:** Restaurant in der Anlage
- **Web:** www.gardaland.it

»Ist ein Haifisch stärker als ein Seelöwe?« Manchmal kommt Mama in Erklärungsnöte. Am besten schnell einen Blick auf die Infotafel werfen, denn daran mangelt es im »SEA-LIFE-Aquarium« nicht. Alle Lebewesen in den 35 Becken werden gut verständlich erklärt. Seit Juni 2008 begeben sich Besucher hier auf eine spannende Entdeckungsreise in die Unterwasserwelt – von der Gardaseeforelle bis zur Drachenmuräne. »Wir sind in einem gesunkenen Piratenschiff!« – Kinder laufen aufgeregt durch das dämmrige Ambiente. Tatsächlich schwimmen blau schillernde Fische aus dem Bug, und Anemonen wiegen sich in der Strömung. Da darf ein Clownfisch wie »Nemo« nicht fehlen, der just in diesem Moment heranschwimmt …

52 Gardaland

Der beliebteste Freizeitpark Italiens lockt in Castelnuovo mit neuen Attraktionen

Hier geht es rund! Da kreischt und jubelt es, dort wummert es. Über die Köpfe der Besucher hinweg dröhnen galaktische Achterbahnen wie »Blue Tornado« oder »Magic Mountain« und lassen den Adrenalinspiegel in die Höhe schnellen. Lachende Menschenmassen schieben sich durch Westerndörfer oder warten auf »Prezzemolo«, das Maskottchen von Gardaland. Die ausgelassene Stimmung schlägt laute Kapriolen.

Seit 1974 schon gehört Gardaland zu den beliebtesten Freizeitparks im Land. Jedes Jahr vertreiben sich in dem 33 ha großen Areal mit seinen über 37 Fahrgeschäften, Attraktionen und Shows knapp 3 Mio. Besucher die Zeit. Ob man es glaubt oder nicht: Auf dem trubeligen Gelände gibt es tatsächlich auch ruhige Grünflächen, auf denen Urweltmammutbäume Schatten spenden und zum Ausruhen einladen – aber vielleicht nicht gerade in der Hauptsaison. Dann nämlich, vor allem im August und Anfang September, herrscht im Park starker Andrang, und Wartezeiten von bis zu zwei Stunden an den Fahrgeschäften sind nicht selten.

- **Karte:** AD8
- **Wo:** »Gardaland«, Località Ronchi, Castelnuovo del Garda, Tel. 0039/045/6449777
- **Wann:** April–Sept. tägl. geöffnet; Okt. und Dez. nur Sa/So und in den Weihnachtsferien. 15. Juni–15. Sept. 10–23, sonst 10–18 Uhr
- **Wie viel:** Tageskarte für Erwachsene 37,50 €; Kinder (ab 10 J.) 10 €. Familienangebote, Mehrtageskarten und Kombitickets mit »SEA-LIFE-Aquarium« (s. Tipp 51)
- **Essen & Trinken:** Selbstbedienungsrestaurants und Pizzerien auf dem Parkgelände
- **Web:** www.gardaland.it

53 Radtour am Mincio

Auf geht's zu Tulpen und Mühlen – am Fluss entlang nach Borghetto

Der Radweg zwischen Peschiera und Mantua (ca. 48 km) ist eine der landschaftlich reizvollsten Strecken für Radler am südlichen Lago. Die Tour führt am Fluss Mincio entlang, der sich geschmeidig durch die leicht hügelige Landschaft windet. An den Ufern erstrecken sich Weinreben und Wälder. Dann und wann tauchen ursprüngliche Gehöfte und kleine Dörfer auf.

Immer in der Ebene und damit auch für Kinder geeignet, ist der erste Abschnitt bis nach Valeggio sul Mincio. Der Vorort Borghetto wird von zahlreichen Bächen durchzogen und scheint mit seinem romantischen Mühlenviertel und der berühmten Brücke Ponte Visconteo fast einem Bilderbuch entsprungen. Feinschmecker schätzen die Restaurants des Ortes und das Tortellini-Kultfest im Juni (s. S. 113).

Etwas höher liegt Valeggio sul Mincio mit der Skaligerburg und dem »Parco Giardino Sigurtà«, dessen Anlage zu den schönsten Europas zählt. Ende März blühen zur »Tulipanomia« hier Millionen Tulpen.

- **Karte:** AC8
- **Wo:** Radweg Peschiera–Mantova; bis Borghetto ca. 15 km
- **Essen & Trinken:** Borghetto: »Antica Locanda Mincio«, Via Buonarroti 12, Valeggio sul Mincio
- **Web:** www.valeggio.com; www.sigurta.it
- **Sonstiges:** Besuch im »Parco Giardino Sigurtà«, Via Cavour 1, Valeggio sul Mincio, Tel. 00 39/045/ 637 1033

54 Monte Castello

Nicht nur Gläubige **pilgern** hinauf zur **Wallfahrtskirche** auf dem **Felsen**

Atem(be)raubend im wahrsten Sinn des Wortes ist der Ausflug zur Wallfahrtskirche Madonna di Monte Castello. Sie sitzt in gut 700 m Höhe wie ein Adlerhorst auf einen Felssporn, der fast senkrecht über dem See liegt. Idealer Ausgangspunkt für die Tour ist die Gemeinde Tignale, die aus dem Hauptort Gardola und den fünf über die Hochebene verstreut liegenden Ortsteilen Piovere, Oldesio, Aer, Olzano und Prabione besteht. Es gibt zwar eine äußerst steile und enge Fahrstraße hinauf zur Kirche, doch ist es schöner, das Auto unten am Parkplatz stehen zu lassen und zu Fuß zur Kirche hinaufzuwandern.

Einkehr in luftiger Höhe

Angeblich soll schon ein erster Kirchenbau vor dem 9. Jh. an dieser exponierten Stelle gestanden haben. Die Wallfahrtskirche selbst aber, die zu den bedeutendsten kunsthistorischen Sehenswürdigkeiten der ganzen Gardaseeregion zählt, wurde erst im 17. Jh. auf den Fundamenten einer Burg der Skaliger erbaut.

Seit vielen Jahrhunderten zieht es Pilger an diesen besonderen Ort, um zu beten und die Heilige Jungfrau Maria zu ehren. Vor allem am Fest Mariä Himmelfahrt (15. August) und Mariä Geburt (8. September), ist der Wallfahrtsort stark besucht.

Kleiner christlicher Hinweis: Von April bis September findet in der Kirche jeden Sonntag um 17 Uhr die heilige Messe statt.

- **Karte:** AD 3
- **Wo:** »Santuario Monte Castello«, Via Chiesa, Tignale sul Garda, Tel. 00 39/03 65/7 30 19; ab Gardola Wegweisern folgen, dann zu Fuß weiter auf dem Wallfahrtsweg (Nr. 266)
- **Wann:** Kirche von Ostern bis Ende Okt. 9–18 Uhr geöffnet
- **Essen & Trinken:** Bar im ehemaligen Küsterhaus
- **Web:** www.santuariomontecastello.it; www.tignale.org; www.parcoaltogarda.net; www.liberavventura.it
- **Sonstiges:** Naturparkmuseum »Museo Parco Alto Garda Bresciano«, Prabione, Tel. 00 39/03 65/76 16 42

Rundtour mit Panorama

Hinter der Kirche führt ein Pfad (Nr. 266) in etwa 25 Min. auf den Monte Castello, von dessen Gipfel man einen grandiosen Blick auf den Gardasee und den gegenüberliegenden Monte Baldo hat. Die meisten gehen von hier auf dem gleichen Weg wieder zurück zum Kloster. Eine schöne Rundtour aber folgt dem Weg Nr. 266 nach Prabione und von dort wieder zurück zum Parkplatz. Noch ein Tipp: Besuch im »Museo Parco Alto Garda Bresciano«, das ausführlich über Natur und Kultur der Region informiert.

55 Stehrudern

Die »Natter« von Gargnano

Nur wer den »Palio delle Bisse« einmal besucht hat, hat den Gardasee wirklich erlebt – das zumindest behaupten die Bisse-Vereinsmitglieder. Die Rede ist von der Weiterführung einer jahrhundertealten Tradition, einer Ruderregatta, die rund um den See stattfindet. Historische Aufzeichnungen belegen, dass 1548 der erste Bisse-Wettkampf am Lago ausgetragen wurde. Seit 1967 setzt die »Lega Bisse del Garda« diese Tradition fort. Das Besondere: Gerudert wird nur *alla veneta* – ganz venezianisch im Stehen. Und weil sich die Boote beim Rudern leicht in Schlangenlinie bewegen, verdanken sie ihren Namen dieser Bewegung: *La biscia* (im Dialekt *bisse*) heißt die Natter.

- **Karte:** AC 4
- **Wo:** »Bissa« von Gargnano (Villanella) zu besichtigen in der Nähe des Hafens von Villa
- **Wann:** Juli–Aug. Bisse-Regatten mit Umzügen rund um den See
- **Essen & Trinken:** »Osteria al Porto da Valentino«, Piazza Villa 1, Gargnano
- **Web:** www.legabissedelgarda.org; www.centomiglia.it
- **Sonstiges:** Mittelschwere Wanderung (ca. 2 Std. einfach) zur Eremitage San Valentino im Ortsteil Gargnano/Sasso

56 Wellness im »Dayspa Lefay« in Gargnano

Im **Fünf-Sterne-Resort** hoch über dem See erholen sich auch **Tagesgäste**

Hier, hoch über dem Lago, umgeben von 11 ha Grünfläche, herrscht eine andere Welt. Wer das 3000 qm große Spa im »Lefay-Resort« in Gargnano besucht, taucht nicht nur in warmes Salzwasser oder in einen Pool ein, der übergangslos im See zu enden scheint, sondern auch in eine Oase der Ruhe und Zufriedenheit. Hier scheint Stress nicht zu existieren, dafür Entspannung und Freundlichkeit. »Harmonie zwischen Mensch und Natur ist für mich wichtig«, betont Liliana Leali, Gründerin des Fünf-Sterne-Hotels. Von außen erinnert die Fassade an die *limonaie*, die traditionellen Zitronengärten. Im Innern überrascht ein Mix aus edlen Hölzern, Naturstein und klaren Farben wie Zitronengelb und Wasserblau. Das Motto im Wellnesstempel ist eine Verbindung aus Orient und Okzident, die sich auch in den Anwendungen wiederspiegelt.

- **Karte:** AC 4
- **Anbieter:** »Lefay Resort & SPA Lago di Garda«, Via Feltrinelli 118, Gargnano, Tel. 00 39/03 65/24 18 00
- **Wo:** Von Süden aus durch die Gemeinden Bogliaco und Villa, den Schildern »Lefay Resort & SPA« folgen
- **Wann:** Ganzjährig
- **Wie viel:** Eintritt in den Spa-Bereich »Feuer und Wasser« sowie Aromamassage 120 € (vorher reservieren!)
- **Essen & Trinken:** Hotel »Trattoria La Vigna« und Hauptrestaurant »La Grande Limonaia« in der Anlage
- **Web:** www.lefayresorts.com; www.gargnanosulgarda.it
- **Sonstiges:** Wanderungen am Stausee Lago di Valvestino und im Val di Vesta

57 Kanufahren

Von Gargnano aus zu den Grotten der Einsiedelei San Giorgio in Varolo paddeln

Aus einem ungewohnten Blickwinkel erleben Kajak- und Kanufahrer das Ufer des Gardasees: Villen, die von der Straße aus neugierigen Blicken verborgen bleiben, enthüllen vom See aus unverblümt ihre ganze Pracht, Zitronengärten *(limonaie)* locken mit leuchtend gelben Früchten, und idyllische Buchten laden die Paddler zum Verweilen ein.

- **Karte:** AC4
- **Wo:** »OK-Surf«, Parco Fontanella, Gargnano, Tel. 0039/328/4717777; Kanuverleih am Strand neben der Villa Feltrini
- **Wann:** Sommer
- **Wie viel:** Kanu 20 €/halbtags; Kanu 50 €/Tag
- **Essen & Trinken:** Trattoria San Martino, Via Roma 33, Tel. 0039/0365/71436, Gargnano (romantisch!)
- **Web:** www.oksurf.it; www.trattoriasanmartino.it; www.gargnanosulgarda.it

Ein idealer Ausgangspunkt für Entdeckertouren auf dem Wasser ist der Nobelort Gargnano, wo Wohlhabende sich schon vor Jahrhunderten gern luxuriöse Anwesen erbauen ließen. Besonders reizvoll ist die Uferstrecke von Gargnano zum Hafen von Tignale, für die man 4–5 Std. Paddelzeit einplanen sollte. Dort, am Hafen unter der Brücke der alten Gardesanastraße, befinden sich die Überreste der Einsiedelei »San Giorgio in Varolo«. Der Legende nach erhielt der heilige Franziskus von Assisi dieses Stück Land 1220 als Geschenk, um einen Ort für seine Glaubensbrüder zu schaffen. Tatsache ist, dass der Historiker Silvano Cattaneo die Einsiedelei im Jahr 1554 erwähnt und von der kühnen Konstruktion der Grotten der Einsiedelei und den dort lebenden Eremiten stark beeindruckt war. Von der Herrlichkeit blieb jedoch nur ein Schatten – hier die Ahnung eines mittelalterlichen Freskos, dort Reste der Eremitenzellen. Dennoch genug, um die besondere Atmosphäre dieses Ortes zu spüren.

58 Golfen in Bogliaco

Abschlag mit weitem Seeblick auf einem traditionsreichen 18-Loch-Platz

Geschichtsträchtig und schon legendär sind die Fairways (vor allem der Abschlag am Loch Nr. 5) vom »Golf Resort Boliaco«, dem drittältesten Golfplatz Italiens. Er liegt malerisch an der Westküste bei Gargnano, rund 100 m über dem Lago in einer Anlage mit Oleander, Lorbeer, Zypressen und Olivenbäumen. Der Platz entstand bereits Anfang des 20. Jhs. In den Kriegsjahren nutzte man ihn als Getreidefeld, dann als Flugpiste und schließlich sogar zum Baseballspielen. Seit 1953 schwingen Golfer wieder ihre Schläger dort – seit zehn Jahren sogar auf 18 Loch. Achtung: Rechtzeitig buchen!

- **Karte:** AC 4
- **Wo:** »Bogliaco Golf Resort«, Via del Golf 21, Toscolano Maderno, Tel. 00 39/03 65/ 64 30 06
- **Wann:** Ganzjährig; im Winter Di geschl.
- **Wie viel: :** Driving Range: Tages-Greenfee: 6,50 €; Stunde mit Pro: ab 30 €; Greenfee Mo–Fr, Dez.–März: ab 45 €; April–Nov. Sa/So: ab 70 €
- **Essen & Trinken:** In der Anlage Restaurant mit Bar
- **Web:** www.golfbogliaco.com; www.valledellecartiere.it; www.comune.toscolanomaderno.bs.it
- **Sonstiges:** Wanderung von Toscolano ins Valle delle Cartiere (Papiermühlental) mit Besuch im Papiermuseum

59

- **Karte:** AB5
- **Wo:** Botanischer Garten André Heller, Via Roma 2, Gardone Riviera, Tel. 0039/336/410877
- **Wann:** März–Nov. 9–19 Uhr
- **Wie viel:** Erwachsene 10 €, Kinder 5 €
- **Essen & Trinken:** Pizzeria »La Terrazza da Pablo«, Via Roma 53, Gardone
- **Web:** www.hellergarden.com

Hellers Garten

Kunst und Botanik in Gardone Riviera

Edelweiß blühen inmitten bunter Orchideenwiesen, meterhohe Farne wuchern neben Granatapfelbüschen, und in den kleinen Bächen und Teichen schwimmen japanische Koi-Karpfen vergnügt neben italienischen Forellen. Hügel aus kalkhaltigem Dolomitengestein ragen neben stacheligen Kakteen und Efeutürmen in die Höhe. Und zwischen all diesen kleinen Naturwundern poussieren im Botanischen Garten von André Heller indische und marokkanische Skulpturen harmonisch mit Installationen von Roy Lichtenstein, Mimmo Paladino, Susanne Schmögner und Keith Haring. Was für den Künstler André Heller eine »Florasammlung von Weltgegenden« ist, ist für den Besucher ein verwunschener Ort der Ruhe und Erholung. Manch einer mag den Park in einer Viertelstunde gesehen haben, andere nehmen sich für die Erkundung der Anlage rund um die venezianische Villa mit ihren magischen, poetischen und skurrilen Objekten einen ganzen Vormittag. Der Multimediakünstler Heller kaufte den Garten vor über 20 Jahren vom Zahnarzt Arthur Hruska, der den botanischen Garten schon Anfang des 20. Jhs. anlegte.

60 Das Vittoriale

Ein Siegerdenkmal in Gardone Riviera – die bizarre Welt des Gabriele d'Annunzio

»Als ich auf dem Bug des Schiffs Puglia stand, habe ich mich wie im Film ›Titanic‹ gefühlt«, gesteht Luca. Fast alle Schüler vom Gardasee sind irgendwann einmal hier. Luca ist heute auf Klassenfahrt, um das Siegerdenkmal der Italiener »Il Vittoriale degli Italiani« zu besuchen. Es ist der Ort, den der exzentrische Schriftsteller Gabriele d'Annunzio (1863–1938) von 1921 bis 1938 als Lebensmittelpunkt gewählt hat. Zur Anlage gehören neben dem Kriegsschiff »Puglia« die »Villa Prioria«, das Mausoleum, das Kriegsmuseum, ein Freilichttheater und Gärten.

- **Karte:** AA 5
- **Wo:** »Vittoriale degli Italiani«, Via al Vittoriale 12, Gardone Riviera, Tel. 00 39/03 65/29 65 11
- **Wann:** April–Okt. 8.30–20, Nov.–Ende März 9–18.30 Uhr
- **Wie viel:** Park, Museum und Villa: Erwachsene 16 €; Kinder (5–11 J.) 12 €
- **Essen & Trinken:** Trattoria »Agli Angeli«, Via Dosso 7, Gardone Riviera, Tel. 00 39/03 65/2 09 91
- **Web:** www.vittoriale.it; www.anfiteatrodelvittoriale.it; www.agliangeli.biz
- **Sonstiges:** Im Sommer Festival und Konzerte im Amphitheater

61 Trekking auf der »Bassa via del Garda«

In 800 bis 1000 m Höhe von Salò bis Limone wandern

»Die ›Bassa via del Garda‹ ist für mich eine der landschaftlich reizvollsten Touren am Gardasee«, schwärmt Guido Bonvicini, Bergführer aus San Felice del Benaco, wo er mit seiner Frau Francesca das authentische B&B »La Sccovola« betreibt. »Der Weg ist meist gut markiert und führt in verschiedenen Etappen rund um den Lago«, erklärt Guido und fügt hinzu: »In drei bis fünf Tagen können trainierte Wanderer das Westufer entlang von Salò bis Limone laufen.«

Landschaftliche Höhepunkte

Immer auf halber Höhe zwischen 800 bis 1000 m über dem See verläuft die »Bassa Via del Garda« auf über 50 km von Salò nach Limone. Der Weg wird vom Forstamt gepflegt und führt an den landschaftlich schönsten Orten des Naturparks »Parco Regionale dell'Alto Garda Bresciano« vorbei: Am Monte San Bartolomeo oberhalb von Salò, dem Valle delle Cartiere bei Toscolano (s. Tipp 58), der Einsiedelei San Valentino in Gargnano, der Wallfahrtsstätte Montecastello (s. Tipp 54), dem Valle San Michele, der wilden

Der Ort Limone schmiegt sich in eine Bucht am Westufer des Sees.

Brasa-Schlucht in Tremósine bis zum Valle del Singol, das nach Limone führt. »Jeder stellt sich seine Etappen nach Belieben und Kondition zusammen. Übernachtungsmöglichkeiten gibt es überall in den Orten und ursprünglichen Dörfern entlang des Wegs«, versichert Bergführer Guido. Ein Buchtipp zu dieser Tour, die man aufgrund des milden Klimas fast zu jeder Jahreszeit unternehmen kann, ist der Wanderführer von Franco Ghitti »I Sentieri del Parco«. Das Buch ist bei der Naturparkverwaltung zu erwerben (www.parks.it/parco.alto.garda.bresciano/gui.php).

- **Karte:** AA 5–AD 2
- **Anbieter:** Geführte Touren mit »Liberavventura« (Bergführer Guido Bonvicini), Tel. 00 39/335/8 23 98 08
- **Wo:** Beginn der »Bassa via del Garda« am Ortsende von Salò, den Schildern »Madonna del Rio« folgen
- **Wann:** Am schönsten im Frühjahr und Herbst
- **Essen & Trinken:** Pasticceria-Cioccolateria »Vassalli«, Via S. Carlo 82/84, Salò, Tel. 00 39/03 65/2 07 52; Enoteca/Ristorante »La Cantina del Gato Borracho«, Via Caldogno 1/1, Limone sul Garda, Tel. 00 39/03 65/1 98 64 41 (unbedingt reservieren!)
- **Web:** www.comune.salo.bs.it; www.pasticceria-vassalli.it; www.liberavventura.it; www.visitlimonesulgarda.com; www.lascovola.it; www.prolocosalo.it
- **Sonstiges:** Besuch im Zitronenmuseum in Limone: »Limonaia sul Castel«, Via Castello, Limone sul Garda, Tel. 00 39/03 65/95 40 08

62 Motorbootfahren

Mit **40 PS** über den See – Tour zur **Isola del Garda**, der **größten Insel** des Lago

Bootfahren im Allgemeinen hat etwas von Freiheit und Unabhängigkeit, Motorbootfahren im Speziellen berauscht vor allem durch die Geschwindigkeit. »Außerdem kann ich fahren, wohin ich will, und bleiben, solange ich will«, sagt der deutsche Urlauber Dieter Hut aus Köln. »Die Umgebung sieht vom Boot aus betrachtet ganz anders aus.«
Auch auf dem Gardasee können Freiheitssuchende ihr eigener Kapitän sein, ein Boot über das Wasser steuern und von Bord aus angeln oder schwimmen. Während die Nordspitze des Sees für Motorboote gesperrt ist, erfreut sich der breite südliche Teil des Lagos unter Motorbootfahrern großer Beliebtheit.

Hafen-Hopping mit Motorboot

Rund um den See von einem Hafen zum nächsten zu fahren, das hat seine besonderen Reize. Hier ein Cappuccino, dort eine Stadtbesichtigung und dann noch einen Besuch auf der Burg – alle Örtchen am See (außer im Norden) haben einen Hafen, an dem man anlegen kann.

Beliebt sind aber auch Inseltouren, zum Beispiel ab Manerba zur Isola del Garda, auf der sich eine herrschaftliche Villa im neugotisch-venezianischen Stil befindet. Die größte Insel des Gardasees mit der Villa der Familie Borghese Cavazza liegt vor dem Ufer von San Felice del Benaco.

- **Karte:** AB 5
- **Wo:** »Garda Boat & Services srl«, Via Gassman 37, Manerba del Garda, Tel. 00 39/346/0 40 32 67; Isola del Garda, Tel. 00 39/328/3 84 92 26
- **Wann:** Mai–Okt.
- **Wie viel:** Ab 99 €/halber Tag; Inselbesuch: 150 € mit max. 6 Pers. (nur mit Voranmeldung!)
- **Essen & Trinken:** Inselführung mit Snack; Bars, Restaurants und Pizzerien im Torchio-Hafen von Manerba
- **Web:** www.gardaboat.com; www.isoladelgarda.com; www.manerbaservizituristici.it; www.italiainrosa.it
- **Sonstiges:** Geführte Touren zur Isola del Garda mit Boottransfer ab Garda und Manerba; Sommerkonzerte auf der Insel

Dort wohnten bereits die Römer und Langobarden, und sie diente Franz von Assisi als Meditationsstätte. Auf Anfrage kann die Insel samt Villa, die in Privatbesitz ist, auch besichtigt werden. Ansonsten organisieren die Besitzer geführte Touren inklusive Boottransfer. Rund um den Lago gibt es viele Bootsverleihe. Grundsätzlich gilt: Ohne Führerschein dürfen nur Boote bis 5 PS gelenkt werden. Oft verlangen Verleiher den Schein erst ab 40,8 PS. Doch Achtung, passiert etwas, zahlen die Versicherungen nur, wenn der Fahrer einen gültigen Führerschein hat.

Ganz im venezianischen Stil – die große Villenanlage auf der Isola del Garda stammt aus dem 19. Jh.

63 Therme in Sirmione

Sanus per aquam – mit **69 °C** sprudelt das **Heilwasser** aus der **Quelle** im See

Mit Wellness allein ist es hier nicht getan. Wer die Therme von Sirmione besucht, soll sich nicht nur wohl-, sondern gleich besser fühlen. Gespeist werden die Bäder aus einer wahrlich magischen Quelle – einer Salz-Jod-Brom-Schwefel-Wasser-Mischung, die Linderung bei zahlreichen Krankheiten, zum Beispiel bei HNO-Problemen, verspricht. Kein Wunder, dass man überall in Apotheken der Region Nasensprays mit *Acqua di Sirmione* kaufen kann (Schnupfentest machen, es hilft tatsächlich!). In der 10 000 qm großen Wellnessoase »Aquaria« entspannen und regenerieren die Besucher in mehreren Wasserbecken, beim Wassertreten, auf Sprudelliegen oder im Whirlpool.

- **Karte:** AB 7/b 3
- **Wo:** »Centro Benessere Termale Aquaria«, Via Punta Staffalo 1, Sirmione, Tel. 00 39/030/91 60 44
- **Wann:** Ganzjährig; Öffnungszeiten variieren
- **Wie viel:** Mo–Fr 27 €/3 Std., Sa/So 33 €/3 Std.
- **Essen & Trinken:** »Aquaria Cafè« in der Anlage
- **Web:** www.termedisirmione.com; www.sirmioneterme.com
- **Sonstiges:** Besuch der Skaligerburg von Sirmione

Römische Ruinen

Archäologische Funde in **Sirmione**

Da sind alle Gardaseeliebhaber mit dem römischen Liebesdichter Catull einer Meinung: Sirmione ist ein zauberhaftes Städtchen mit einzigartiger Lage. Kein Wunder, dass sich Catull (84–54 v. Chr.) an der äußersten Landspitze der Halbinsel eine Villa erbauen ließ und dort seine Oden an den Lago verfasst haben soll. Die »Grotten des Catull«, wie der Volksmund die weitläufigen Ruinen aus der römischen Kaiserzeit bezeichnet, gehören zu den bedeutendsten archäologischen Funden in Norditalien – auch wenn sich die Forscher bis heute nicht wirklich sicher sind, ob es sich bei diesen Überresten tatsächlich um die Villa des Dichters Catull handelt.

Die Uferlinie direkt unterhalb der Ruinen besteht aus flachen Kalkterrassen, die weit in den See hinein verlaufen. Hier schillert das Wasser in faszinierendem Türkisblau, und es gibt wunderschöne Badestellen. Tipp: Sirmione sollte man in der Hauptsaison möglichst meiden.

64

- **Karte:** AB 7/a I
- **Wo:** Piazzale Orti Manara 1, Sirmione, Tel. 00 39/030/91 61 57
- **Wann:** Ganzjährig; Sommer: Di–Sa 8.30–19.30, So 9.30–18.30 Uhr; Winter: Di–Sa 8.30–16.30 (Museum bis 19 Uhr), So 8.30–14 Uhr
- **Wie viel:** Erwachsene 4 €; Jugendliche (18 bis 25 J.) 2 €; Kinder und Senioren frei
- **Essen & Trinken:** Ristorante »Lido delle Bionde«, Viale Gennari 28, Sirmione (nur im Sommer geöffnet!)
- **Web:** www.archeologica.lombardia.beniculturali.it; www.provincia.brescia.it

65 Kartfahren in Lonato

Amateure schauen sich auf der Kartbahn Tricks bei den Profis ab

Motoren heulen, Reifen quietschen: Das ist DER Ort, wo die Herzen von großen und kleinen Motorfreaks höher schlagen. Rennfahrerluft schnuppern ist in Lonato im Kartcenter »South Garda Karting« an der Tagesordnung. Sowohl Amateure als auch Profis geben dort so richtig Gas und drehen auf einer Strecke von über 1 km ihre Runden. Selbst Michael Schuhmacher hat hier schon einmal den Fuß auf das Pedal gedrückt und für sein Comeback in der Formel 1 trainiert.

Die Anlage wurde 1988 gebaut und ist bis heute mehrfach erneuert worden. Sie entspricht den Vorgaben der CIK FIA (Kart- und Automobil-Weltverband) und dient auch als Austragungsort von internationalen Kartrennen. Außerhalb des offiziellen Rennbetriebs besteht die Möglichkeit, selbst ein paar Runden zu drehen. Die Karts werden vermietet und fahren je nach Fahrzeugtyp zwischen 40 und 80 km/h. Kinder sind ab acht Jahren und einer Körpergröße von 1,30 m zugelassen.

- **Karte:** AA 8
- **Anbieter:** »South Garda Karting«, Via Monti, Lonato, Brescia, Tel. 00 39/030/9 91 99 58
- **Wo:** Autobahn A4 bei Peschiera verlassen, Beschilderung folgen
- **Wann:** Ganzjährig, Mo–Do 9–21, Fr/Sa 9–2, So/Fei 9–23 Uhr
- **Wie viel:** Erwachsene 15 €/10 Min., Kinder 12 €/10 Min.; Tageskarten für 45 €
- **Essen & Trinken:** Restaurant in der Anlage, Tel. 00 39/ 030/9 91 98 95
- **Web:** www.southgardakarting.it

etc
einsteigen träumen cruisen
Die schönsten Kreuzfahrten und Schiffsreisen
MERIAN books
etc Die schönsten Kreuzfahrten und Schiffsreisen
MERIAN books

66 Rot-Kreuz-Denkmal

In **Solferino** erinnern viele **Stätten** an die Schlacht von **1859** und das **Rote Kreuz**

Als es dämmert, werden die Fackeln angezündet, und langsam setzt sich der über 7 km lange Zug von Solferino nach Castiglione delle Stiviere in Bewegung. »Beim Anblick des Lichtermeers bekam ich eine Gänsehaut«, sagt ein Mitarbeiter des Roten Kreuzes aus Euskirchen gerührt. Jedes Jahr pilgern am 23. Juni Tausende Mitglieder des Roten Kreuzes aus der ganzen Welt in die 2500-Seelen-Gemeinde Solferino im Süden des Gardasees, um mit einem Fackelzug *(fiaccolata)* der blutigen Schlacht vom 24. Juni 1859 und der Geburtsstunde der weltgrößten Hilfsorganisation zu gedenken. An jenem Tag standen sich dort 320 000 Soldaten in den Hügeln gegenüber, 40 000 blieben entweder tot oder verstümmelt auf dem Schlachtfeld zurück. »Seit ich in Solferino war, begreife ich die Idee des Roten Kreuzes viel besser«, gesteht eine Auszubildende.

Die Geburt des Roten Kreuzes

Dem blutigen Spektakel der Schlacht von Solferino hatte der Genfer Kaufmann Henry Dunant 1859 unfreiwillig beigewohnt. Er gründete, inspiriert von der Hilfsbereitschaft der Bevölkerung, das Internationale Rote Kreuz und erhielt im Jahr 1901 den ersten Friedensnobelpreis, der je verliehen wurde.

Gedenkstätten und Museen

Auf dem höchsten Hügel von San Martino della Battaglia ragt ein Gedenkturm auf, der 1893 zu Ehren des italienischen Staatsgründers König Vittorio Emanuele II. errichtet wurde. Der Turm dient nicht nur den Schiffen als Orientierung, sondern bietet auch eine herrliche Aussicht über die Region. In der Nähe befinden sich ein Museum, das an die Schlacht erinnert, sowie die Knochenkapelle »Ossario di Solferino«, die die Schädel von 1413 Gefallenen der Schlacht bewahrt. Das »Internationale Museum des Roten Kreuzes« in Castiglione delle Stiviere widmet sich der Geschichte der humanitären Wohltätigkeitsorganisation.

- **Karte:** AB 8
- **Wo:** Gedenkkapelle: Piazza Ossario, Solferino; Rot-Kreuz-Denkmal: Strada Vicinale del Castello, Solferino; Internationales Museum des Roten Kreuzes (MICR), Via Garibaldi 50, Castiglione delle Stiviere, Tel. 00 39/03 76/63 85 05,
- **Wann:** Internationales Museum des Roten Kreuzes (MICR): April–Okt. 9–12 u. 15–18 Uhr; Nov.–März 9–12 u. 14–17 Uhr
- **Wie viel:** Museum/Gedenkturm: Erwachsene 2,50 €, Kinder 1 €
- **Essen & Trinken:** »La Spia d'Italia«, Via dei Francesi 4, Tel. 00 39/03 76/89 30 11
- **Web:** www.micr.it; www.solferinoesanmartino.it; www.prolocosolferino.it; www.collinemoreniche.it; www.laspiaditalia.eu
- **Sonstiges:** (Nacht-)Ausritt durch das Hinterland, organisiert von »Le Volpi« (Agriturismo mit Restaurant und Reithalle), Via Piridello 6, Solferino; www.lesorgive.it/sport.htm

Gut zu wissen

In Torbole treffen sich alljährlich Surfer jeder Klasse zu Regatten wie dem »Trofeo Neirotti«.

Veranstaltungskalender

Februar

Verona in Love

In Verona wird der Valentinstag am 14. Februar als »Tag der Verliebten« mit Konzerten, Festen und Veranstaltungen begangen.

Verona: 14.–17. Febr.
www.veronainlove.com

Februar/März

Karnevalsumzüge und -feste

Rund um den See feiert man nach alter Tradition auf den Straßen. Es gibt Umzüge, und überall werden Krapfen und Waffeln angeboten.

Infos bei den regionalen Fremdenverkehrsämtern der Gardaseeorte;
www.visitgarda.com
www.gardasee.de

L'alloro e il bambù (Lorbeer und Bambus)

In Romarzollo bei Arco verabschiedet man den Fasching und begrüßt den Frühling: Die jungen Männer des Ortes versammeln sich, um Baldachine aus Bambus zu bauen und diese mit Fruchtbarkeitssymbolen zu schmücken! Umzug und Feuer auf der Erhebung von Tiera.

Arco/Romarzello: Faschingsdienstag;
www.gardatrentino.it;
www.visitgarda.com

März/April

Karfreitagsprozession und Passionsspiele

Beeindruckende Darstellung der Passion Christi auf einem Kreuzweg. Einheimische spielen die Momente des Leiden Christi nach.

Casteletto di Brenzone: Karfreitag; Fremdenverkehrsbüro (nur in der Saison geöffnet!), Via Zanardelli 38, Brenzone, Tel. 00 39/045/7 42 00 76

Mai

Bike Festival Garda Trentino

In Riva treffen sich jedes Jahr mehr als 4500 Biker aus aller Welt und strampeln über die Bergstrecken.

Riva del Garda; erstes Wochenende im Mai; www.riva.bike-festival.de

Valeggio veste il Vintage

Mode, Accessoires, Designobjekte und vieles mehr für Nostalgiefans.

Altstadt von Valeggio sul Mincio: Anfang Mai; www.valeggio.com;
www.valeggiovesteilvintage.com

Mai/Juni

Palio del Chiaretto

Weinfest in Bardolino mit Degustationsständen an der Uferpromenade.

Bardolino: Ende Mai/Anfang Juni;
www.bardolinotop.it

Juni

La Cinquemiglia del Ghiottone

Ein Schlemmerspaziergang auf der Hochebene von Tremósine. An den Ständen auf den Dorfplätzen warten Kostproben aus Produkten der Region auf die Wanderer (s. Tipp 13).

Anfang Juni; www.infotremosine.org

Festa del nodo d'amore

Seit 1993 findet auf der Viscontibrücke in Valeggio sul Mincio alljährlich das Tortellini-Kultfest statt. Rund 4000 Gästen werden auf zwei 600 m langen Tischen die speziellen handgemachten Tortellini (Liebesknoten) serviert (s. Foto). Feuerwerk um Mitternacht und Umzug in historischen Kostümen.

Valeggio sul Mincio, Viscontibrücke: Mitte Juni; www.valeggio.com

Juni/Juli

Palio delle Bisse

Fast alle Ferienorte am See nehmen an der traditionsreichen Meisterschaft teil, bei der im Stil der Gondolieri gerudert wird (s. Tipp 55).

Juni–Juli; jeden So; www.legabissedelgarda.it

Garda Trentino Jazz Festival

Jazzabende auf höchstem Niveau mit internationalen Künstlern und Bands am Strand.

Arco, Nago, Torbole, Riva, Tenno: Juni/Juli; www.gardajazz.com

Schwalbe Tour Transalp und Craft Bike Transalp

Zwei spannende Radsportevents im Trentino: die großen Alpenüberquerungen »Schwalbe Tour Transalp« in Riva del Garda und die »Craft Bike Transalp« in Arco.

Riva del Garda: Ende Juni, www.tourtransalp.de; Arco: Mitte–Ende Juli, www.bike-transalp.de

Juli

Sardellata al chiar di luna

Anfang Juli wird in Garda drei Tage lang das größte Fischessen am Lago als traditionelles Volksfest gefeiert.

Garda: Anfang Juli, www.comunedigarda.it., Tel. 00 39/045/6 20 84 28 (Gemeindeverwaltung Garda)

Juli/August

Vittoriale-Festival »Tener-a-mente«

Internationale, hochkarätige Künstler sind im Amphitheater des »Vittoriale degli Italiani« zu Gast. Atemberaubendes Seepanorama.

Gardone-Riviera: Juli–Aug.; www.anfiteatrodelvittoriale.it

Festa dell'Ospite

Fast alle Orte feiern ein Fest zu Ehren ihrer Feriengäste *(ospiti)* und außerdem ein Fest für ihren Schutzheiligen *(santi)*. Musik und Tanz sorgen für gute Stimmung, regionale Spezialitäten für Gaumenfreuden.Meist gibt es auch ein Feuerwerk.

Hochsaison; Infos bei den Fremdenverkehrsämtern der jeweiligen Orte

MusicaRivaFestival

Zwei Wochen lang werden Klassikliebhaber in Riva del Garda mit musikalischen Leckerbissen verwöhnt. Begabte junge Künstler aus aller Welt stellen ihr Können an verschiedenen Orten am See unter Beweis.

Riva del Garda: zweite Julihälfte; www.musicarivafestival.com

August

Rustico Medioevo

Mittelalterliche Tanz- und Folklorevorstellungen, Theaterstücke und Spektakel auf den Plätzen des mittelalterlichen Dorfs, im Park und in der »Casa degli Artisti« (s. Tipp 1).

Canale di Tenno: Anfang Aug. www.rusticomedioevo.com.

Palio delle Contrade

Wettkampfrudern der acht Ortsteile von Garda an Mariä Himmelfahrt.

Garda: 15. Aug., www.comunedigarda.it